SASCHA KORF
Wer zuletzt lacht, denkt zu langsam

SASCHA KORF

WER
ZULETZT
LACHT,
DENKT
ZU
LANGSAM

Heute schon antworten,
was Ihnen morgen erst einfällt

LÜBBE PAPERBACK

Dieser Titel ist auch als Hörbuch bei Lübbe Audio lieferbar

Lübbe Paperback in der Bastei Lübbe GmbH & Co. KG
Originalausgabe
Copyright © 2010 by Bastei Lübbe GmbH & Co. KG, Köln

Umschlaggestaltung: Christin Wilhelm
Illustrationen: Harald Oehlerking
Umschlagmotiv: © Leif Henrik Osthoff
Satz: Bosbach Kommunikation & Design GmbH, Köln
Gesetzt aus der Weiss von Linotype
Druck und Einband: GGP Media GmbH, Pößneck

Printed in Germany
ISBN 978-3-7857-6033-8

5   4   3   2   1

Sie finden uns im Internet unter: www.luebbe.de
Bitte beachten Sie auch: www.lesejury.de

INHALT

Sie haben recht, fangen Sie sofort an zu lesen! Sie haben bereits entschieden, diesem Buch Ihre Aufmerksamkeit zu widmen, und das kann helfen:

Entweder sind Sie wirklich interessiert, okay, dann wissen Sie im Grunde schon Bescheid und können zum ersten Kapitel kommen. Schönen Tag!

Oder Sie ahnen, dass Sie interessiert sein werden, und betrachten gerade weniger das Buch, sondern sich selbst im Spiegel dieses Buches, also des Titels, des Covers, des Preisschilds, des Sinns hinter dem Klappentext, den Sie natürlich zuerst gelesen oder einfach überflogen haben, eben weil Sie wissen, dass ein Buch nun mal mit dem Vorwort beginnt, nicht mit der Zusammenfassung auf der Rückseite.

Klar, es gibt auch Neugierige unter Ihnen, die diese Zeilen nicht mehr lesen, und im Laden lieber ein Buch von Ranga Yogeshwar ansteuern, um es versehentlich ein weiteres Mal der eigenen Mutter zu schenken; nichts dagegen, hab ich auch schon gemacht, ist gar nicht aufgefallen.

Doch Sie: Sie sind ein(e) Verweiler(in), ein Mensch mit Muße und Verantwortung für Ihr Unterhaltungsempfinden. Sie lachen gern und das aus vollem Herzen, weil Sie Geschmack haben. Doch nun suggeriert Ihnen dieser seltsame Titel, da stimme was nicht – schließlich denken Sie doch gerne und auch oft und sogar schnell und nicht zu langsam.

Genau Sie möchte Herr Korf im Folgenden ganz besonders

wertschätzen. Was ist mit diesem Korf los? Das Gute ist: Er hat auch nicht die Lösung. Weil er weiß, dass es viele gibt. Denn er ist im Gegensatz zu manch anderem (und damit meine ich natürlich ausschließlich mich) einfach unglaublich fähig. Er kann das, was viele gestandene Komiker aus Selbstüberschätzung nur glauben: Improvisieren. Und zwar als Beruf, also so mit Geld hinterher.

Ich habe Herrn Korf schon in Aktion erleben können. Zunächst ist er einer dieser wenigen Entertainer-Kollegen, der allein durch seine Präsenz schon mal die ersten fünf Reihen eines gut gefüllten Comedy-Clubs noch vor seinem ersten Satz dazu bewegt, sich sofort Karten für die nächste Show zu sichern und noch drei Gutscheine für die Oma dazu.

Kurz darauf verblüfft er sein Publikum durch die Kunst des Stehgreif-Theaters, also seinem Bestreben, aus dem Zufälligen etwas augenblicklich Geplantes zu machen. Und das ist so wahnsinnig schwer: Die Zuschauer dürfen noch Begriffe wie »Pizza«, »Wendehammer« und »Plutoniumkoffer« vorgeben und Sascha Korf verwandelt die Worte in ein Science-Fiction-Drama, einen Western oder ein mehrstimmiges Musical. Sobald man diese Spontan-Werke von Sascha Korf trennen würde, verlören sie vielleicht an Witz. Durch den Korf gedreht, werden seine Ideen jedoch noch witziger, eben weil Improvisations-Comedy nicht nur eine Technik ist, sondern von Herzen kommt. Wir lachen nämlich nicht über KÖNNEN, sondern über KÖNNER. Und dieser Herr Korf ist ein großer. In diesem Buch stecken 100 % von ihm.

Ihr Bastian Pastewka

VORSPANN

Jetzt muss ich mich aber ins Zeug legen. Es muss mir gelingen, dass Sie schon nach meinen ersten Zeilen begeistert juchzen. Denn ich habe kürzlich in einer Literaturstudie aus Aserbaidschan gelesen, dass die ersten beiden Seiten eines Buches darüber entscheiden, ob Sie willens sind, weiterzulesen oder nicht. Die ersten beiden Seiten! Von denen hängt ab, ob Sie eine Bindung zu meinem fiesen kleinen Machwerk aufbauen oder ob Sie es gähnend zur Seite legen.

Aus diesem Grund müssen die ersten Seiten wohlüberlegt sein. Beflissene Leser und Kritiker werden nun zu Recht posaunen: »Na, na, na! Ein Buch über Spontaneität, und die ersten beiden Seiten sind *wohlüberlegt?* Wie passt denn das zusammen?« Meine ehrliche Antwort: »Sehr gut!« Denn das ist das Geheimnis dieses Werkes: Spontaneität ist planbar. Man kann spontan *sein* – und man kann *lernen,* spontan zu sein.

Ja, auch Sie.

Und überhaupt: Schreiben ist etwas anderes als Reden. Es dauert auch viel länger. Ein Buch über Spontaneität ist insofern eigentlich schon ein Widerspruch in sich. Aber das Leben ist voller Widersprüche. Und dieser ist auch nur ein scheinbarer, denn ich möchte Ihnen zeigen, dass Spontaneität sehr wohl planbar ist. Und zwar in den wichtigsten Bereichen, die das Leben zu bieten hat: Im Alltag, in der Beziehung, im Urlaub und in der Freizeit.

Also Schluss mit der Ungeduld. Der Prolog, den Sie hier vor sich haben, dient der langsamen Annäherung ans Thema. Er muss kein Beweis für die These sein. Selbigen werde ich später antreten. Der Vorspann eines Buches muss das Thema auch noch nicht komplett durchkauen oder konkrete Abhilfe bieten. Ein Buch über kalorienarmes Kochen macht Sie nach der Lektüre des Vorwortes ja auch nicht schlanker. Ich kenne auch niemanden, der sich nach der Einleitung eines Reiseführers über Bangladesch zur Koryphäe über dieses Land aufgeschwungen hätte.

Sicher hätte ich ein Vorwort spontan hinscribbeln können, fühlte mich aber durch die aserbaidschanische Studie unter Druck gesetzt, dies nicht zu tun. Vorwortfrei wollte ich wiederum auch nicht debütieren. Also müssen Sie jetzt da durch.

Ich möchte Sie nämlich gerne an die Hand nehmen und Ihnen zeigen, wie Spontaneität und Improvisation Ihr Leben spannender machen können.

Aber was ist Spontaneität überhaupt?

Zunächst mal ist sie sehr beliebt: Googelt man diesen Begriff, so erhält man über 257 000 Möglichkeiten, sich dazu hinreichend zu informieren. Googelt man nur das Wort »spontan«, so spuckt der Computer sogar über sechs Millionen Ergebnisse aus, inklusive zahlreicher Links zu gleichnamigen, fröhlich dreinschauenden Partybands aus Aachen und Heidelberg. Wem das schon zu viel Spontaneität ist, dem erklären diverse Lexika: Spontaneität ist die unüberlegte Bereitschaft, sich auf neue Situationen einzulassen. Und sie ist offenbar Mangelware, denn Untersuchungen ergeben immer wieder: Die meisten von uns wären gerne spontaner und schlagfertiger.

Für mich bedeutet Spontaneität vor allem eines: der inneren Stimme zu vertrauen. Dem ersten Impuls zu folgen. Sich auf Neues einzulassen und bereit zu sein, auf die unmittelbaren Konsequenzen zu reagieren. Was sich im Moment noch wie Küchenpsychologie anhört, kann Sie auf den richtigen Weg führen: Jeder von uns trägt ein interaktives Gen in sich. Die Frage ist nur: Lass ich es raus, oder kneife ich?

Stellen Sie sich folgende Situation vor: Sie liegen nach einem harten Arbeitstag auf dem Sofa und lassen sich von aufwühlenden TV-Dokus in den Schlaf wiegen. Plötzlich klingelt es an der Tür und Ihr neuer Nachbar (für Frauen und Schwule) bzw. Ihre Nachbarin (für Männer und Lesben)[1] steht vor der Tür, in der Hand eine Flasche Sekt, Prosecco, Champagner oder etwas Ähnliches. Er/Sie sagt, dass er um Mitternacht Geburtstag hat und nicht alleine feiern möchte. Was tun Sie?

Sagen Sie Nein, knallen die Tür zu und ärgern sich über die Frechheit, nachts Nachbarn rauszuklingeln? Oder sagen Sie spontan: »Klar! Komm rein!«, feiern die halbe Nacht, finden dabei heraus, dass Sie beide eine gesunde Abneigung gegen Auberginen haben, und zitieren anschließend die legendären Loriot-Sketche?

Gut! Mag sein, dass ich mich in dem eben genannten Beispiel in eine Art Rosamunde-Pilcher-Welt verirrt habe. Es gibt natürlich auch andere Möglichkeiten, wie der Abend verlaufen kann. Schließlich ist das Leben auch nicht nur schwarz oder weiß. Genauso gut könnte es sein, dass Sie Ja sagen, um dann betreten nebeneinander sitzend Floskeln zu wechseln und um fünf nach zwölf mit dem Arsch (ich meine den eigenen) im Bett zu liegen.

Genauso gut könnte es zu folgendem Zeitvertreib kommen:

− Entspanntes Gespräch
− Fröhliche Unterhaltung
− Oberflächliches Gestammel
− Schweigen
− Wilder Sex

Nichts muss, alles kann passieren. Das ist die Grundregel der Spontaneität. Zunächst einmal müssen Sie allerdings bereit sein, Ja zu sagen, und sich spontan in eine neue Situation werfen.

---

[1] Bisexuelle können es sich aussuchen.

Sie zweifeln noch? Sie denken: Ha! Was wäre denn, wenn ich Nein sage, diese Person aber bei einer anderen Gelegenheit kennenlerne, und wir erst dann richtig enge Freunde werden? Dazu sage ich: «Legen Sie dieses Buch weg! Von einer Person, die mich kurz vor meinem Geburtstag mit Sekt in der Hand im Hausflur stehen lässt, möchte ich nicht gelesen werden!«

Allen anderen wünsche ich ganz viel Spaß mit einem mal mehr, mal weniger ernst gemeinten Ratgeber für ein spontaneres Leben. Um Ihnen die frisch gewonnene Spontaneität nicht schon durch ein starres Inhaltskonzept zu vermasseln, bauen die Kapitel nicht aufeinander auf. Gut für Sie: So können Sie ab sofort spontan entscheiden, wie Sie dieses Buch durchackern. Hauen Sie rein! Oder wie man in der Welt des Improvisationstheaters in den Saal brüllt:

5 – 4 – 3 – 2 – 1 – Looooos!

KAPITEL EINS [2]

PUSH YOUR ALLTAG!
WIE SIE SPONTAN IM ALLTAG GLÜCKLICHER UND ZUFRIEDENER WERDEN

[2] Oder zwei, vielleicht auch drei – je nachdem, wie Sie diesen Leitfaden durchackern!

DEN ALLTAG NUTZEN UND IHM ENTKOMMEN

Tja, wer kennt ihn nicht? Unseren ständigen Begleiter. Unseren heimlichen Partner. Der allseits bekannte Alltag. Morgens raus! Schnell einen Kaffee, Tee, Milch oder was immer Sie brauchen, um morgens aus der Hufe zu kommen. Vielleicht noch ein Brötchen, Brot oder einen Joghurt, je nach Gusto. Und auf geht's ins Büro, auf die Baustelle, in den Betrieb, in die Bäckerei oder zu all den anderen Betätigungsfeldern, die nicht mit B beginnen. Viele bleiben ja auch zu Hause. Sie halten das Heim in Schuss, und, falls Nachwuchs durch die eigenen vier Wände geistert, bemühen sie sich, diesen möglichst problemlos durch die Pubertät zu bringen. Am Abend wird gegessen, ferngesehen und danach ins Bett gegangen. Der nächste Morgen, der übernächste Tag und die nächste Woche bringen wenig Veränderung dieser Routine. Ganz zu schweigen vom nächsten Monat, Jahr und Jahrzehnt. Klingt öde?

Ich möchte damit nicht sagen, dass der Alltag unser Feind ist, den es zu bekämpfen gilt. Außer, dass er oft ein wenig langweilig ist, gibt der Alltag uns nämlich auch Schutz. Er ist wie ein wärmender Mantel, den wir nur ungern ablegen. Oh, Entschuldigung, liebe Leser. Diese Metapher könnte ja glatt aus einem dieser Weltverbesserungsbücher stammen, in denen Autorinnen in gebatikten Röcken nützliche Tipps zur Glücksmaximierung feilbieten. In diese Riege der Schreiber für eine bessere Welt möchte ich mich natürlich nicht einreihen.

Also werde ich spontan die Kurve kriegen, um Ihnen zu verdeutlichen, warum ich den Alltag eigentlich gerne mag.

Lassen Sie mich meinen Alltag dazu erst einmal beschreiben: Ich stehe gegen zehn Uhr auf (ein absolutes Privileg, das ist mir klar). Dann gibt's erst mal Kaffee und zwei Scheiben Toast. Eine mit Wurst (Sorte völlig egal) und eine mit Käse (immer Gouda, seit Jahren). Ich lese dabei drei Zeitungen. Nein! Ich möchte mich jetzt nicht zu einem intellektuellen, stets nach tagesaktuellen Neuigkeiten dürstenden Objekt emporschreiben. Es ist einfach mein Frühstücksritual. Und wenn Sie wüssten, *welche* Zeitungen ich lese, dann würden Sie mir das sowieso nicht unterstellen. Also weiter. Meist treffe ich nach dem Frühstück Freunde, gehe zur Probe und bereite mich im Normalfall (gute Auftragslage vorausgesetzt) auf einen abendlichen Auftritt vor. Dann ab in die deutsche Bahn (die für ihre Spontaneität ja legendär ist), und flott zum Auftrittsort.

Diese Rituale geben mir Ruhe für Situationen, die spontanes Handeln erfordern. Je mehr man davon hat, desto wichtiger ist der Alltag als Sicherheitszone, in der man sich einfach fallen lassen und wohlfühlen kann. Da ich in meinem Beruf genug Spontaneität aufbringe, würde ich wohl verrückt werden, wenn es die Routine in meinem Leben nicht auch gäbe. Wenn ich eine Weile nicht spontan sein kann, wird mir allerdings langweilig, und dann breche ich aus. Aus der Routine, meine ich.

Wenn Sie auch im Alltag festgefahren sind und keinerlei Möglichkeit haben, spontan zu handeln, dann benutzen Sie den Alltag zum Improvisieren. Mit ihm können Sie spielend üben, spontan zu sein, ohne sich allzu sehr aus der sicheren Zone herauszubewegen. Spielen Sie doch mal Alltagsmixer.

DER ALLTAGSMIXER

Es geht ganz einfach, Sie werden sehen. Nehmen Sie einen Stift und schreiben Sie zunächst mal in einer Minute Ihren Alltag auf. Seien Sie ruhig ehrlich, denn Sie werden aller Wahrscheinlichkeit nach die einzige Person sein, die das liest, und es hat keinen großen Zweck, in die Welt hinauszuposaunen, dass Sie jeden Morgen Rohkost essen und erst mal dreißig Minuten joggen, bevor Sie zur Arbeit gehen wie ein fleißiges Eichhörnchen, wenn das gar nicht den Tatsachen entspricht. Denken Sie gut darüber nach und notieren Sie hier zehn Sachen, die in Ihrem Tagesablauf immer gleich sind:

1 _____

2 _____

3 _____

4 _____

5 _____

6 _____

7 _____

8 _____

9 _____

10 _____

Vielen Dank, dass Sie sich die Mühe gemacht haben. Nachdem Ihr Alltag nun gesichert ist, müssen Sie lernen, daraus dann und wann auszubrechen. Nicht nur, um bei der ganzen Routine nicht einzuschlafen, sondern auch, weil es erst dann Spaß macht, vom

Muster abzuweichen, wenn man selbiges kennt. Sie kennen Ihr Muster jetzt. Weichen Sie ab!

Bei allem Flehen Ihrerseits war die Alltagsliste nur ein kleiner Teil der Aufgabe. Ihr Kernteil besteht darin, dass Sie ab morgen für die nächsten zehn Tage jeweils einen Punkt von Ihrem festgesetzten Ablauf verändern. Es können kleine Sachen sein: Statt Marmelade mal Gelee zu essen. Oder nicht mit dem Fahrrad zur Arbeit zu fahren, sondern mit der Bahn. In diesem Fall übernehme ich als Autor allerdings keine Haftung für Verspätungen, die zu fristlosen Kündigungen führen. Wichtig dabei ist, dass die Entscheidung, etwas zu verändern, direkt vor dem jeweiligen Punkt in Ihrer Alltagsliste erfolgt. Erst dann kommt der Alltagsmixer richtig in Gang. Wenn Sie jeden Morgen um zehn Uhr bügeln, stellen Sie sich um zehn Uhr vor Ihr Bügelbrett und überlegen: »Müssen Socken wirklich gebügelt werden?« Vergessen Sie das. Sie sollten sich fragen: »Was könnte ich stattdessen tun?«

Tun Sie, was immer Ihnen spontan einfällt, und schreiben Sie es auf.[3] Dann können Sie am Ende Tag eins mit Tag zehn vergleichen. Sie werden feststellen, dass viele Dinge passiert sind, mit denen Sie nicht gerechnet haben. Stellen Sie sich mal vor, dass Sie täglich, seit Anbeginn der Zeitrechnung, jeden Morgen dieselbe Strecke zur Arbeit gefahren sind, nachmittags die Kinder zum Ballett gebracht haben, am Abend schon für den nächsten Tag vorgekocht und bis in die Nacht Näharbeiten verrichtet haben. Am Ende der ersten Woche mit dem Alltagsmixer könnte dann Ihr Leben sich komplett verändert haben. Dann könnte auf Ihrer Liste stehen: Bin heute Morgen eine andere Strecke zur Arbeit gefahren. Habe dabei entdeckt, dass um die Ecke ein Fitnessstudio ist. Habe mich direkt angemeldet und habe nun Muskeln an Stellen, wo andere nicht mal Stellen haben. Einen Tag später schreiben Sie: Statt zum Ballett habe ich die Kinder

---

[3] Sie brauchen jetzt noch Papier und Stifte. Ein bisschen was müssen Sie schon investieren.

zum Basketball gebracht. Sie waren anfangs überrascht und Natascha erwies sich als wahres Korbwunder. Zudem habe ich am Mittwoch nicht gekocht. Wir waren bei einem Italiener um die Ecke. Da arbeitet tatsächlich ein ehemaliger Klassenkamerad von mir. Der, mit dem ich früher auf den Schulfeiern immer rumgemacht habe. Seitdem gibt es in meiner Ehe ziemlichen Zoff und ich bin wieder ins Arbeitszimmer gezogen. Und am Freitag habe ich nicht genäht, sondern gehäkelt. Seither kann ich Oma viel besser verstehen.

Um nicht zu viel Trubel in Ihren Alltag zu bringen, sollten Sie den Mixer nur dosiert anwenden. Wenn Sie Ihren Alltag einmal verändert haben, dann leben Sie erstmal eine Weile damit. Es wäre Wahnsinn, täglich das Schema zu wechseln. Erstens wird es irgendwann unmöglich, jeden Morgen eine Strecke zur Arbeit zu finden, die von Ihnen noch nicht befahren wurde. Außerdem werden Ihre Kinder vermutlich schon vor der Pubertät rebellieren, wenn Sie sie wie Zehnkämpfer tagtäglich zu einem anderen Sportclub kutschieren.

Dosiert angewendet ist der Alltagsmixer eine sinnvolle Übung, die absolut unerlässlich ist, um spontanes Verhalten zu trainieren.

DUMME FRAGEN

Nachdem Ihr Alltag nun nach und nach vom strengen Kasernen-
hof zum lockeren Spaßareal wird, nähern wir uns einem anderen
Phänomen: dem Unerwarteten. Bisher hatten Sie alles fest im
Griff und waren selbst derjenige, der etwas an Ihrem normalen
Ablauf verändert hat. Doch was, wenn jemand anders in Ihre
schöne kleine Welt eindringt? Das ist es, wovor die meisten von
uns sich insgeheim fürchten. Denn dann müssen wir etwas tun,
was viele von uns gerne besser könnten: souverän kontern. Ober-
wasser behalten.

Oft gerät man beispielsweise in Situationen, in denen man
mit ganz und gar unmöglichen Fragen traktiert wird. Geht Ihnen das auch so: Sie sind sprachlos und wissen nicht, wie Sie
reagieren sollen? Erst Stunden später fällt Ihnen eine passende
Retourkutsche ein. Dann sitzen Sie dann da und ärgern sich,
warum Ihnen diese fabelhafte Antwort nicht früher eingefallen
ist.

Aber zunächst müssen wir uns mit unserem Untersuchungs-
gegenstand beschäftigen: Was sind überhaupt dumme Fragen?

Hier ein paar wahllos zusammengestellte Beispiele, die ich
teils selbst erlebt habe und die mir teils zugetragen wurden:

Es ist Samstagnacht. Sie stehen in der Disco, Kneipe, auf einer
Veranstaltung oder wo auch immer Sie hingehen, um Ihrer Flip-
pigkeit Genüge zu tun. Sie sehen, wie ein abwegig aussehender
Mensch Marke »Verzweifelt« Sie bräsig ansteuert. Es folgt ein

obligatorischer und – in neunzig Prozent der Fälle – wenig kreativer Opener wie: »Naaaa! Auch hier?«

Was sagen Sie jetzt? Wenn Sie sich den ganzen Abend über gegen Ihren Willen in Grund und Boden baggern lassen wollen, sagen Sie nur: »Ja!« Wollen Sie hingegen an diesem Abend, an diesem Ort und zu dieser Stunde weiterhin Ihre Freiheit genießen, dann entschließen Sie sich doch einfach zu einer Antwort der anderen Art. Verschiedene Möglichkeiten stehen Ihnen offen:

»Nein, bin ich nicht. Ich bin nur ein Hologramm und komme vom Planeten Manga 8. Wir studieren gerade das merkwürdige Anmachverhalten der menschlichen Rasse. Und du hast es gerade auf Platz eins geschafft.«

20

Gegebenenfalls sagen Sie einfach:

»Du hast recht. Wahnsinn. Danke, dass du mich drauf aufmerksam machst, denn eigentlich sollte ich ganz woanders sein! Danke!«

Und wenn Sie den Premium-Romantiker sofort loswerden möchten, eignet sich folgende Antwort:

»Jaaaa! Ich bin auch hier. Und jetzt schau mal weiter, wer sonst noch so da ist!«

Auf einer Skala von 1 bis 10 sind dies halbwegs originelle Anmachkiller der Pointenstärke 5.

Sie fragen sich natürlich nun berechtigterweise: »Was, wenn mir nichts Originelles einfällt? Was, wenn der erste Gedanke, den ich ausspreche, einfach ist: ›Hau ab, du Sack!‹?«

Meine fachkundige Antwort lautet: Dann ist das halt so. Aber es ist auch dann immer noch besser, als von irgendeinem Herbert Flingers aus Mayen in den Wahnsinn getrieben zu werden.

Zum Erbarmen schrecklich ist auch die folgende blöde Frage:

»Hallo, hat es wehgetan, als du vom Himmel gefallen bist?«

Den meisten Damen wird ja schon vom Lesen dieser Vorstadtcasanova-Phrase übel. Die Augen zu verdrehen und »Fort, fort mit dir!« brüllen ist zwar eine Maßnahme, aber Sie dürfen an so einer Abfuhr ruhig ein wenig mehr Spaß haben. Reagieren Sie doch einfach mal anders als sonst. Wählen Sie stattdessen eine Antwort, die etwas anders ist als erwartet:

»Nein, aber es tat mehr weh, in die Hölle zu kriechen, um Männern wie dir zu begegnen.«

Oder:

»Ja, und wenn du nicht willst, dass dir was wehtut, dann würd ich an deiner Stelle gehen oder zum Himmel beten.«

Nun denken Sie sicher: »Ja! Ja! So dahingelesen klingt das gut! Aber wie soll mir denn so was ad hoc einfallen?«

Aber keine Angst – Ihnen ist zu helfen. Machen wir doch mal eine kleine Übung. Ich bitte Sie nun, die Augen zu schließen und sich zu entspannen. Sollten Sie dazu frische Luft, Alkohol oder Zigaretten brauchen, tun Sie sich keinen Zwang an.

Entspannungspause

OOHHHMMMMM!
OOHHHMMMMM!

So. Erholt? Konzentriert? Dann spielen wir mal ein Spiel in zwei Runden.

ASSOKETTE

Nein. Eine Assokette ist keine Kette, die von Asozialen getragen wird. Kein grob blinkendes Ungetüm aus einer Billigschmuck-boutique, das über bauchfreien Tops baumelt. Das wäre eine Asikette.

Assokette heißt Assoziationskette. Assoziation ist die Ver-knüpfung von Gedanken. In dieser Übung suchen wir Ihre So-fortbilder zu bestimmten Wörtern: Ich gebe Ihnen einen Begriff vor und Sie schreiben einfach das erste Wort hin, das Ihnen dazu einfällt.

Wenn ich Ihnen nun das Wort Auto entgegenschleudere – an was denken Sie zuerst?

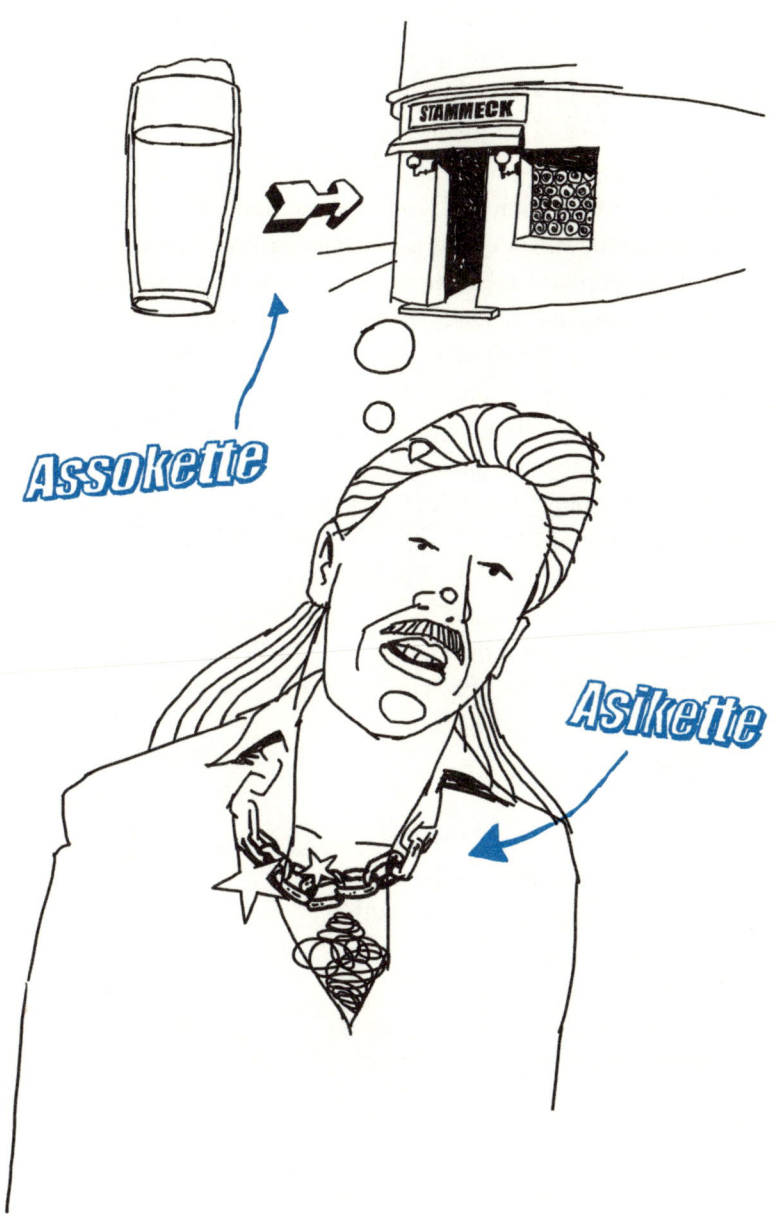

Ach wirklich? Interessant! Ich denke ja persönlich zuerst an Apfelkuchen. Denn den wollte mein Onkel Erwin zuletzt zu einer Feier mitnehmen. Dann mussten wir stark bremsen, und der ganze Apfelkuchen klebte ihm im Schritt. Aber Spaß beiseite. Was ist Ihr Sofortbild zu Haus?

Sehr gut! Prima gemacht! Gleich bekommen Sie von mir 27 Wörter. Atmen Sie vor der Übung noch einmal gut durch. Wenn Sie das Wort gelesen haben, dann sprechen Sie laut aus, was Ihnen dazu als Erstes durch den Kopf schießt. Das kann alles Mögliche sein – keiner bewertet das, was in Ihrer Birne abgeht. Es ist mir egal, ob Ihr erster Gedanke zu dem Wort Hut der Begriff Fernsehturm ist. Und Ihnen sollte das auch egal sein. Schelten Sie sich nicht für das, was Ihr Gehirn auswirft. Sie sollten auch nicht versuchen, einen Originalitätspreis zu gewinnen. Im Gegenteil. Wichtig ist, dass Sie sich von allen Zwängen befreien und die Antwort einfach kommen lassen, frei nach dem Motto: Nicht denken! Sagen!

So! Nach einer für dieses Spiel unverhältnismäßig langen Einführung nun die Begriffe, zu denen Sie gleich frei assoziieren werden.

Bereit?

5 – 4 – 3 – 2 – 1 – Looooos!

Kerze	Losbude	Zwerg
Pflanze	Schloss	Hoffnung
Kopfhörer	Muskel	Aal
Pyramide	Zange	Merkel
Salzsteuer	Kinosaal	Tonne

Kissen	Spinne	Stift
Spanien	Kieselstein	Natur
Parkett	Wurst	Pool
Himmel	Arbeit	Sauna

Sollten Sie diese Aufgabe bereits zum zweiten Mal machen, lesen Sie weiter auf Seite 26. Sonst nicht! Bloß nicht!

Und? Ist Ihnen zu jedem Begriff etwas eingefallen? Wie lange haben Sie dafür gebraucht?

Wenn Sie diese Frage ordnungsgemäß und sich selbst gegenüber ehrlich beantwortet haben, muss ich Sie bitten, sich einer meiner zwei Gruppen zuzuordnen:

In Gruppe Bert/a sind alle, denen sofort etwas zu den Wörtern eingefallen ist.

In Gruppe Jan/a sind die, denen gar nichts eingefallen ist.

Alle registrierten Mitglieder der Gruppe Bert/a dürfen hier weiterlesen: Glückwunsch! Das ist der Hammer! Prima, weiter so! Aber das können Sie schneller. Deswegen wird es Ihnen Spaß machen, die eben gelöste Aufgabe zu wiederholen. Nur mit anderen Lösungen. Knifflig, was? Also gehen Sie noch mal zurück zur Seite 24 und steigen Sie wieder ein. Ja, nix da, keine Lust! Zurück zu der Stelle, an der 5 – 4 – 3 – 2 – 1 – Looooos! steht!

So, liebe Gruppe Jan/a. Keine Sorge, wenn in Ihrem Kopf momentan noch Dunkelheit herrscht – aller Anfang ist schwer und Scheitern ist erlaubt. Das Leben ist kein Ponyhof. Und wenn es so wäre, müssten Sie schließlich auch gleich wieder rauf aufs Pferd, nachdem Sie mal abgeworfen wurden. Deshalb werden Sie einfach noch mal versuchen, diese Aufgabe zu lösen. Gehen Sie zurück zur Seite 24 und versuchen Sie es erneut ohne Scheuklappen: Fummeln Sie nicht an Ihrem Hirn rum und überlegen Sie nicht krampfhaft, was richtig sein könnte – sondern schalten Sie das Nachdenken aus und sprechen Sie einfach nur laut aus, was Ihnen zu den Wörtern einfällt. Nicht mehr, aber auch nicht weniger. Keine Müdigkeit vorschützen – auf zu der Stelle, an der ein aufmunterndes 5 – 4 – 3 – 2 – 1 – Looooos! steht.

Liebe Berts, Bertas, Jans und Janas. Das war der erste Streich. Sie haben zu bestimmten Wörtern Sofortbilder erzeugt. Das ist der Grundstein für spontanes Handeln: Sie haben sich damit lockergemacht, die Assokette ist ein bisschen wie Gehirnjogging oder Gehirnpoweryoga. Sie haben dabei gelernt, Ihrem ersten Impuls zu folgen. Und diese Fähigkeit bauen wir nun aus. Denn es folgt (Trompetengeheul und Chorgesang) das nächste Spiel!

DIE ANEKDOTEN-TOMBOLA

Es wird nun eine Ecke schwerer, macht aber auch mehr Spaß. Waren wir eben noch bei einzelnen Begriffen, gehen wir nun zu ganzen Sätzen über. Wenn Sie sich noch erinnern (und ich hoffe, Sie tun es): Dieses Kapitel begann mit Anekdoten und Denkanstößen zu besonders dummen Anmachen. Nun ist es natürlich nicht so, dass wir in unserem Leben permanent angebaggert werden. Das ist mir klar. Dennoch werden wir im Leben oft mit Fragen genervt, deren Beantwortung unseren Horizont, unsere Geduld oder unsere Leidensfähigkeit übersteigen. Hier können Sie Abhilfe schaffen mittels spontaner Antworten, bei denen dem anderen das Wort im Munde stecken bleibt.

Ein kleines Beispiel: Wenn Sie klatschnass aus dem Pool

steigen, und ein Unsympath schmettert Ihnen »Na? Warst du schwimmen?« entgegen, hebt das sicher nicht Ihre Laune. Und nicht bei allen dummen Fragen des Lebens reicht eine hochgezogene Augenbraue als Antwort.[4]

Damit Sie demnächst auch in solchen Situationen gut gerüstet sind, sollten Sie mal die Anekdoten-Tombola ausprobieren.

In dieser Aufgabe werde ich Sie knallhart mit zehn Situationen konfrontieren. Diese werden hart, grotesk, lächerlich oder erschütternd sein, aber sie basieren auf wahren Ereignissen. Lesen Sie sich die jeweilige Situation durch. Dann schreiben Sie schnell die Antwort darunter, die Ihnen als Erstes einfällt. Ein einfaches Ja oder Nein ist dabei allerdings verboten! Wie bei der Assokette gilt außerdem:

VERSUCHEN SIE NICHT, WITZIG ZU SEIN!!!!

Bei der Anekdoten-Tombola geht es darum, dass Sie trainieren, schnell zu antworten. Wenn Ihnen dabei was Lustiges aus dem Hirn springt, ist es in Ordnung. Falls nicht, auch gut. Hauptsache, Sie wappnen sich gegen Situationen oder Momente, in denen sie bislang einfach sprachlos waren.

Dann wäre alles gesagt.

Sind Sie bereit?

5 – 4 – 3 – 2 – 1 – Looooos!

---

[4] Vielleicht gehören Sie sowieso zu denjenigen, die anatomisch nicht in der Lage sind, ihre Braue hochzuziehen, da sie diese entweder aus ästhetischen Gründen weggewaxt haben, oder weil die Muskulatur über Ihrem Auge solche Akrobatik nicht zulässt. Umso dringender brauchen Sie Verbalkunststücke.

Situation eins[5]

Sie sitzen im Urlaubsflieger Richtung Palma. Die Person auf dem Sitz neben Ihnen fragt:»Und – fliegen Sie auch nach Mallorca?«

NICHT DENKEN – SCHREIBEN!

Sie antworten spontan:

Situation zwei

Sie warten seit dreißig Minuten auf ein Getränk im Restaurant. Als der Kellner endlich kommt, fragt er dämlicherweise:»Hat man Sie noch nicht bedient?«

NICHT DENKEN – SCHREIBEN!

Ihnen rutscht folgende Perle einer Antwort heraus:

Situation drei

Nach einem der zahlreichen, mit Fressorgien aufgepeppten Feiertage treffen Sie zufällig einen Freund. Mit einem Seitenblick bemerkt er scharfsinnig:»Du hast ein bisschen zugelegt, oder?«[6]

---

[5] Bei der Vielzahl von Listen und Aufzählungen ist es sehr schwer, verschiedene Nummerierungsmodelle zu finden. Leben Sie damit. Wenn Sie es einmal raushaben, sind Sie ein begnadeter Ratgeberleser.
[6] Ich weiß! Wer solche Freunde hat, braucht keine Feinde mehr. Stellen Sie sich spaßeshalber trotzdem einen Moment lang vor, dass Sie diese Person nicht gleich aus Ihrem Gedächtnis verbannen.

NICHT DENKEN – SCHREIBEN!

Sie platzen sofort heraus:

Situation vier
Sie befinden sich in einem Supermarkt (für alle Feinde des Wocheneinkaufs: Baumarkt): Sie irren ziellos durch die Gänge, bis Sie einen Servicemitarbeiter entdecken. (Natürlich aus Versehen, denn so einer begegnet einem ja nur alle Jubeljahre mal.) Er hat nichts Besseres zu tun, als Sie zu fragen:»Suchen Sie was Bestimmtes?«

NICHT DENKEN – SCHREIBEN!

Ihre Antwort trifft den Nagel auf den Kopf:

Situation 5 – oh sorry! – fünf
Sie sitzen röchelnd, schniefend und hustend vor Ihrem Arzt. Er fragt nur:»Was haben wir denn?«

NICHT DENKEN – SCHREIBEN!

Sie rotzen ihm folgende Antwort vor den Latz:

Situation sechs

Der Mann von der Telekom[7] … also, der Mann, der Ihnen einen Telefonanschluss legen sollTe, und Sie zwang, von 8 bis 18 Uhr das Haus zu hüTen, kommT um zehn vor sechs. Sein ersTer SaTz an der Tür ist: »MussTen Sie lange warTen?«

NICHT DENKEN – SCHREIBEN!

Sie stehen ganz und gar nicht auf der Leitung:

Situation sieben

Nach dem Sex. Die Person neben Ihnen haucht: »Stört es dich, wenn ich rauche?«

NICHT DENKEN – SCHREIBEN!

Was könnten Sie anderes erwidern als:

Situation acht[8]

Sie kehren zu Ihrem falsch geparkten Wagen zurück. Die Politesse, die ihr Fahrzeug gerade erfasst, will wissen: »Wie lange stehen Sie schon hier?«

NICHT DENKEN – SCHREIBEN!

---

[7] Oh, ich wittere Schadensklagen. Vergessen Sie, was ich gerade gesagt habe.

[8] Wir haben es gleich geschafft!

Ihre Antwort kommt wie aus der Parklücke geschossen:

_____

Situation neun

Denken Sie zurück an die Situation in römisch acht. Die Politesse fragt nach Ihrer superben Antwort weiter: »Wollen Sie mich veräppeln?«

NICHT DENKEN – SCHREIBEN!

Mit Ihrer Antwort können Sie zwar keine Äpfel, aber auf jeden Fall einen Blumentopf gewinnen:

_____

Letzte Situation[9]

Der vor Neugier und Lust auf Auswertung platzende Autor dieses Elaborats möchte abschließend wissen: »Wie war der Test?«

NICHT DENKEN – SCHREIBEN!

Sie antworten, als hätten Sie noch nie in Ihrem Leben was anderes getan:

_____

Ich weiß, das war ganz schön heftig. So viele Situationen. Jetzt können Sie sich erst mal auf die Schulter klopfen.

_____

[9] Endlich.

Für alle, die gerne wüssten, wie andere auf diese Situationen reagiert hätten, habe ich ein kleines Bonbon: Meine Antworten finden Sie am Ende dieses Buches, und natürlich können Sie die Situationen kopieren und Ihren Freunden vorlegen. Jeder bekommt einen Zettel mit den Situationen und muss seine Antwort darauf schreiben. Natürlich mit Stoppuhr, Sie sind ja kein Mimöschen! Diesmal geht es tatsächlich darum, sich mit den Antworten hervorzutun, denn nach jeder Runde wird abgestimmt, wer am witzigsten, schnellsten, frechsten oder am originellsten war. Diese Person bekommt wie bei jedem guten Kindergeburtstag einen Preis.[10]

Ging es eben noch um Alltagssituationen, in denen eine *Antwort* verlangt wurde, schreiten wir jetzt zur *Tat*. Denn es gibt Momente, in denen Ihre Geduld auf eine harte Probe gestellt wird. Zum Beispiel, wenn Sie am Samstagvormittag in einem überfüllten Discounter am Steuer eines vollen Einkaufswagens an einer gefühlt dreihundert Meter langen Kassenschlange stehen. Im Inneren des Ladens herrschen dreißig Grad. Unzählige Kinder plärren Unverständliches durch die Regale, und Sie haben wie immer genau die Kassiererin erwischt, für die Schnelligkeit ein unüberwindbares Hindernis darstellt. Wie kommen Sie trotzdem schnell aus dem Laden?

Ich meine legal, Sie Seppel. Also nicht, indem Sie wie ein überzüchteter Dachshund auf der Jagd mit dem Wagen samt zusammengesuchten Lebensmitteln durch die geschlossene Scheibe flüchten.

Was tun Sie stattdessen?

---

[10] Sie natürlich nicht, denn Sie kennen die Situationen ja schon. Es wäre schändlich, mit Ihrem Wissen und Erfahrungsschatz den eigenen Freundeskreis zu schröpfen.

Variante 1

Schnappen Sie sich Ihr Handy. Sprechen Sie wild drauflos: »Wie bitte? Im Waldi[11] bekommen die ersten zweihundert Kunden heute den Inhalt eines ganzen Einkaufswagens umsonst? Nur noch eine Viertelstunde?« Sie werden sehen, wie gierige Hausfrauen in Scharen nach draußen eilen, um diese Neuigkeit für sich zu nutzen.

---

[11] Ich habe bewusst nicht Aldi geschrieben, um keine Werbung zu machen.

Variante 2

Auch gangbar ist folgender Weg: Gehen Sie an der Schlange vorbei bis zur Kasse und flüstern Sie der Kassiererin etwas zu. »Hallo! Ich bin vom Geheimdienst! Ich kaufe hier verdeckt ein. In allen Packungen, die ich gekauft habe, befinden sich geheime Mikrofilme, die für die Sicherheit des Landes von höchster Wichtigkeit sind. Beeilen Sie sich, wir stehen unter Druck. Das ist keine Übung!«

Variante 3

Wenn Sie die Gefahr lieben, dann schreien Sie laut: «Feuer! Feuer! Feuer!« Sobald die Mehrzahl der Kunden das Weite gesucht hat, gehen Sie zur Kasse und fahren Sie wie folgt fort: »Feuer! Feuer! Feuerzeuge! Wo sind die bei Ihnen? Ach, hier an der Kasse?!«

Variante 4

Sind Sie eher der Typ für die konspirative Methode? Dann tippen Sie Ihren Vordermann an und verwickeln Sie ihn oder sie in ein Gespräch.

»Es ist doch unverantwortlich, hier Kassiererinnen arbeiten zu lassen, die einen ansteckenden Nagelpilz haben. Das ist ja ekelhaft.« Arbeiten Sie sich langsam nach vorne vor. Wenn Sie sich dann überraschend flott vor der Kassiererin wiederfinden, bezahlen Sie.

Sie haben Lust bekommen, Ihr persönliches Schachmatt-Shopping in die Tat umzusetzen? Gut, mag sein, dass Sie sich nach besonders ausgebufften Aktionen einen neuen Discounter Ihres Vertrauens suchen müssen. Vielleicht müssen Sie auch in eine andere Gegend ziehen. Ach was, besorgen Sie sich gleich eine neue Identität! Was tut man nicht alles, um seinen Alltag etwas zu würzen ...

Es muss auch nicht auf Anhieb die grandioseste Würzmischung der Welt sein, mit der Sie Ihren Alltag aufpeppen. Steigerungen von pikant bis höllisch scharf müssen schließlich auch noch drin sein.

Um die spontane Eingebung zu trainieren, fangen Sie am besten damit an, kleine Dinge im Alltag anders zu machen. Morgens einfach mal die Bäckerin mit dem Nachnamen auf dem Schild an ihrem Dekolleté zu begrüßen, kann schon ein Anfang sein. Sie müssen ihr ja nicht gleich was aufs Brötchen schmieren oder Ihre Bestellung vorsteppen. Folgen Sie Ihrem ersten Impuls und fassen Sie sich ein Herz. Mixen Sie Ihren Alltag. Zuerst wird es vielleicht nur ein drittklassiger Milchshake, aber mit der Zeit werden Sie bunte Cocktails hinbekommen, dessen bin ich mir sicher. Sobald es allerdings ein Long Island Icetea ist, von dem Ihnen kotzübel wird, sollten Sie sich Beschränkungen auferlegen.

Wenn Sie nach einer Weile gelernt haben, Ihren Alltag zu mixen, ihn aufzupeppen und auf doofe Fragen Totschlagantworten zu geben, werden Sie sich fragen: War das schon alles?

Ich muss sicherlich nicht noch mal darauf eingehen, wie ermüdend und lähmend der Alltag sein kann, auch wenn es mir in den Fingern juckt, meine ödesten Stunden mit Ihnen zu teilen. Doch das war, bevor ich begann, Spontaneität gezielt einzusetzen. Kommen wir also zu Stufe zwei: Wie Sie Ihrem Alltag Glanz verleihen.

Die Erleuchtung, wie ich meinen tagtäglichen Trott aufpolieren konnte, kam mir, als ich einmal beim Fleischer stand.

»Was darf's für Sie sein?«, fragte die Frau hinter der Theke. Der Kittel war ihr mindestens zwei Nummern zu klein, die Taschen waren ein wenig fleckig vom Händeabwischen. Sie wirkte müde.

Ein Pfund Gehacktes, wollte ich gerade sagen, als mir auffiel, wie profan das klang. Das hatten doch schon Hunderte vor mir bestellt!

Geht Ihnen das auch manchmal so? Ob es nun beim Fleischer

ist oder in der Familie, beim Einkaufen, auf der Arbeit oder im Hausflur. Wo auch immer und mit wem auch immer – meistens laufen die Gespräche gleich ab:

Ich hätte gerne zehn Brötchen.
Wie geht es Ihnen, Frau Schmidt?
Haben Sie Post für mich?
Ich gehe mal kurz in den Supermarkt, soll ich dir was mitbringen?

Ich weiß nicht, wie es Ihnen geht, aber ich sehnte mich an jenem Tag in der Fleischerei nach mehr Glamour und beschloss, den geplanten Dialog zu sprengen, ihm einfach etwas mehr Tiefe zu verleihen.

Ich beschloss daher, das Gespräch in Reimen zu führen. Ein Gedicht hat einfach eine ganz andere Wirkung als ein schnödes Gespräch.

Da ich einen Moment gezögert hatte, war die Fachverkäuferin für Tierkadaver irritiert.

»Kann ich Ihnen helfen?«, fragte sie etwas lauter.

»Oh, holde Maid, ich nenn euch mein Begehr:
Nach Fleisch gelüstet's mich gar sehr!
Es ist nicht Speck, nicht Wurst, nicht Mett,
Ein Pfund Gehacktes, das wär nett.«

»Wie bitte?«, fragte die Frau hinter der Theke und wurde so rot wie das frische Steak in der Auslage. »Äh. Sicher dat. Hier! Bitte.«

Ich nahm ihr das Päckchen mit der frischen Ware huldvoll ab.

»Oh, welches Glück, oh, welche Freude,
Ich geb euch Geld, ihr reicht mir beide
Hände mit dem Hack entgegen,
das ist für mich ein großer Segen.«

»Gern gescheh'n. Auf Wiederseh'n«, antwortete die Verkäuferin und zuckte merklich zusammen, als ihr auffiel, dass auch sie einen Reim verwendet hatte.

Als ich den Wurst-Shop verließ, ging es mir gleich besser. Die Langeweile war wie weggeblasen. Ich hatte mein Hack. Und der Tag hatte mehr Glanz bekommen.

Gut, die Verkäuferin hielt mich vielleicht für bekloppt. Aber sie hatte zu Hause zumindest etwas Lustiges zu erzählen. Das Gute daran war für mich, dass ich die Zügel in der Hand hielt. Denn ich hatte gedichtet und damit das Tempo angegeben. Die Verwunderung meines Gegenübers hatte ich genossen.

Falls die Verkäuferin patzig geworden wäre und sich veräppelt gefühlt hätte, hätte ich darauf auch etwas erwidern können.

»Wollen Sie sich über mich lustig machen?«, hätte sie vielleicht gefragt.

»Oh, nein, das mach ich nur mit Wichten.

Ich wollte durch den Tag mich dichten

und wollte Sie damit nicht foppen,

denn Sie sind hübsch und ich will ... Hackbraten mit Klößen machen.«

Spätestens jetzt hätten Sie entweder das Hackebeilchen im Hirn oder die Dame in der Tasche.

Sie sollten beim Dichten keine Hemmungen haben. Immerhin sollte auch für den Laien erkennbar sein, dass Sie nicht Shakespeares Julia sind. Das müssen Sie auch nicht sein, um sich in ausgewählten Situationen spontan der Lyriklust hinzugeben. Diese fördert erstens Ihre Kreativität, und zweitens macht sie Sie fit für den spontanen Einsatz. Aktuelle Studien haben außerdem ergeben, dass Sie in neunzig Prozent der Fälle damit auf positive Resonanz stoßen.

Ich hatte mal eine Zuschauerin, die ihren Geburtstag in meiner Show feierte. Normalerweise fällt das ja nicht weiter auf, aber die saßen in der ersten Reihe. Und nach der vierten Flasche Prosecco und dem schlimmen Hütchen, das die Dame trug, wusste ich, wie der Hase lief. Ich witterte eine günstige Gelegenheit vor der Pause und sprach sie an. Sie hieß Gabi, war Krankenschwester, leidenschaftliche Golfspielerin und kam aus Berlin-Zehlendorf. Gabi hatte eine große Leidenschaft: Sie träumte davon, Südafrika zu bereisen. Außerdem verriet sie mir, dass ihre beste Eigenschaft ihre Geduld und ihre schlechteste war, dass sie in bestimmten Situationen sehr zickig werden konnte.

Sie ahnte nicht, dass ich all diese Infos nicht ohne Grund aus ihr herausgepresst hatte. Ich wollte Gabi in einem Gedicht verewigen...

Ich kenn ne Frau, scharf wie Wasabi.
Wer könnt' das sein, natürlich Gabi.
Meine Liebe rankt sich fester,
um diese süße Krankenschwester.
Mein armes Herz, das ist voll Schorf,
bis zum Besuch in Zehlendorf.
Du brauchst nicht Werner, Günther, Rolf.
Nein, ich fahr dich ab jetzt zum Golf.
Für dich bin ich der Sugardaddy.
Und du für mich mein Herzens-Caddy.
Geduld ist deine größte Tugend,
drum lieb ich dich seit deiner Jugend.
Leider ist die Luft oft stickig,
Bisweilen wirst du nämlich zickig.
Doch Gabi, du bist wunderbar,
drum trag ich dich nach Afrika.

Ich weiß, ich weiß, ich weiß. Es war schnulzig. Es war kitschig. Aber sei's drum: Das Gedicht verfehlte nicht seine Wirkung. Gabi war hingerissen. Ihr Mann, der neben ihr saß, nicht. Das wurde mir erst später bewusst. Nicht zu wissen, wie das Ergebnis aussehen würde, war eine spannende Erfahrung. Nie hätte ich gedacht, dass ich mal einen Reim auf Zehlendorf fände.

Sie brennen darauf, den Rilke in sich zu wecken? Probieren Sie es doch mal aus: Ich gebe Ihnen in drei Aufgaben jeweils fünf Wörter vor. Versuchen Sie, daraus ein Gedicht zu basteln. Die Wörter, die Sie bekommen, sollten jeweils am Ende der Zeile stehen, darauf gilt es einen Reim zu finden ...

Ein kleiner Appetizer: Mit den Wörtern Schnecken, Wagen, Sohn, Strecke und Asbest könnten Sie zum Beispiel folgendes Gedicht bilden:

Am Wegesrand, da liegen Schnecken,
die sich mit Lust gen Sonne recken.
Auf einmal höre ich nen Wagen.
Was jetzt kommt, kann ich kaum ertragen!
Am Steuer sitzt mein eig'ner Sohn,
sein Fahrstil ist der reine Hohn.
Die Schnecken bringt er so zur Strecke,
verschwindet um die nächste Ecke.
Der Schuft bekommt daheim Arrest
in einem Zimmer aus Asbest!

Diese Wörter hatten nichts miteinander zu tun? Richtig! So gar nicht auf einen Nenner lassen sich auch Häschen, Tanker, Not, Stelle, Aroma und Gedicht bringen:

Es war einmal ein kleines Häschen.
Das hatte alles, nur kein Näschen.
Da traf's auf einem Riesen-Tanker,
einen armen deutschen Punker.
Der Punker war in großer Not.
Als Hasi ihm nen Euro bot,
verkaufte er an Ort und Stelle
seinen Riecher auf die Schnelle.
Bald roch der Hase Punk-Aroma,
fiel auf der Stelle in ein Koma.

Und die Moral von dem Gedicht:
Nasen lügen leider nicht.

Wie ich ausgerechnet auf diese Wörter gekommen bin? Vor dem Schreiben dieses Gedichtes habe ich eine Freundin angerufen und sie gebeten, mir wahllos zwei mal fünf Wörter zu nennen. Und schon entwickelten sich diese lyrischen Explosionen.

Wenn Sie meinen, dass Sie das besser können, dann los: Sind Sie bereit für Ihren ersten Gedichtband?

Mit den Wörtern Kamm, Zigarette, Schokolade, Tablette, Sorgen können Sie jetzt in der ersten Strophe durchstarten:

Die nächsten fünf Wörter sind Bett, Sprung, Spinne, Klasse und Boden – ein Werk aus der Reihe »Lyrik für Phobiker«!

Und wie wäre es mal mit was Morbidem: Autopsie, Uhr, Wachen, Leiche, Leverkusen! Reim dich, oder ich fress dich:

_____

_____

_____

_____

Sind Sie mit Ihren ersten Gehversuchen im Dichterleben zufrieden? Dann können Sie jetzt richtig loslegen. Ich würde vorschlagen, dass Sie dazu eine Fleischerei aufsuchen. Die Atmosphäre ist meiner Erfahrung nach inspirierend.

Für alle weiteren Gedichte gilt: Lassen Sie los und Ihren inneren Schweinehund laufen. Egal, wie das Ergebnis letzten Endes aussieht, Sie können stolz sein, denn Ihr Gedicht ist in jedem Fall einzigartig.

Ganz wichtig: Wenden Sie Ihre neu gewonnenen Fertigkeiten unbedingt im Alltag an. Zum Beispiel, wenn Sie im Hausflur der Nachbarin begegnen:

Der Tag ist wie ein süßer Traum:
Schön, Sie hier zu seh'n, Frau Daum,
in diesem zauberhaften Flur.
Was kann das sein? Nur Freundschaft pur!

Keine Ahnung, wie Frau Daum darauf reagieren wird. Aber das ist das Schöne an der Interaktion: Man weiß es erst, wenn es passiert. Vielleicht errötet Frau Daum ganz schüchtern. Falls die Gute der Hausdrache sein sollte, könnte es auch sein, dass sie Sie übel beschimpft. Wer weiß. Sie werden es selber erleben.

Eine freut sich allerdings über jeden Reim: Mama. Wie wäre es, wenn Sie mal wieder zum Muttertag für sie dichten?

> *Du kochtest, bukst und bügeltest,*
> *drum geben wir für dich ein Fest.*
> *Und so wie Asphalt braucht Bitumen,*
> *so brauch ich dich und schenk dir Blumen.*

Was auch immer der Anlass ist, lassen Sie's (verbal) krachen! Und so kann auch das Ende eines Kapitels für ein Gedicht sorgen:

> *In diesem Sinne schließ ich das Kapitel.*
> *Fühl'n Sie sich wie ein Star, ein Beatle.*
> *Im Takt des Buches geht es weiter.*
> *Keine Angst, auch das wird heiter.*
> *Sie werden sicher noch spontan.*
> *Ich sag es gleich: Das ist mein Plan.*

KAPITEL ZWEI

WER VERLIEBT BLEIBEN WILL,
DARF IN DER BEZIEHUNG NICHT EINSCHLAFEN

PARTNER ODER KEIN PARTNER, DAS IST NICHT DIE FRAGE

Die Beziehung ist für viele von uns der Mittelpunkt des Lebens. Den Anlass, mich damit zu beschäftigen, lieferte mir ein Brief, den ich vor Kurzem erhielt. Tanja D. aus Kornwestheim[12] schrieb mir:

Lieber Sascha!

Andreas und ich sind seit vier Jahren ein Paar. Langsam schleicht sich Routine in unsere Beziehung ein. Unser Alltag ist öde. Es ist nicht so, dass wir uns nicht lieben. Aber wir unternehmen gar nichts mehr zusammen. In unserem Freundeskreis haben alle Kinder und bleiben inzwischen lieber unter sich. Was nicht schlimm ist, denn wenn ich noch eine Mutter sagen höre, dass ihr Malte ganz alleine Kaka machen kann, raste ich aus!

Ist doch schlimm: Andere Leute kennen wir nicht. Und Andreas ist Ingenieur und baut abends meistens richtig ab. Ich bin Lehrerin und nach der Schule auch nicht mehr die Fitteste. Am Wochenende golfen wir, aber dabei reden wir kaum miteinander, da ich nicht so gut bin und mir mein Freund immer ein paar Löcher voraus ist. Warten will er auch nicht. »Beim Golf bin ich halt eigen«, meint er dann immer!

[12] Orts- und Personennamen wurden geändert. Es war Barbara Cremer aus Eschweiler.

Früher hatten wir viel mehr Spaß miteinander. Aber
wie haben wir das bloß gemacht? Verrate mir bitte, wie ich
Andy mal wieder überraschen und unserer Beziehung neuen
Schwung geben kann, ohne dass mir das Ding gleich aus der
Kurve fliegt.
Deine Tanja

Da ist es wieder! Das alte, leidvolle Thema. Mann/Frau, Frau/
Mann! Mario Barth und Caveman ist es auf brillante Weise gelungen, dem Thema mittels alter Vorurteile neuen Wind einzu-
hauchen. Meine Recherchen haben folgende wichtige Haupt-
klischees noch einmal zutage gefördert, die ich an dieser Stelle
noch einmal mit Ihnen teilen möchte, damit wir auf dem gleichen Stand sind:

- Frauen lieben Schuhe
- Männer schnelle Autos
- Frauen können nicht einparken
- Männer brauchen Fleisch und Frauen kleine Beilagen-
  salate
- Frauen sind bla bla bla
- Männer sind laber Rhabarber
- Frauen (schnarch)
- Männer
- Frau
- Mann
- Fr
- Ma
- F
- M
-

Leicht ermattet von dieser Fülle origineller Unterstellungen schrieb
ich Tanja: *Du solltest zunächst mal froh sein, dass der Alltag in deiner*

45

Beziehung erst nach vier Jahren Einzug gehalten hat. Ist wirklich wahr: Ich kenne Menschen, bei denen verlief schon das zweite Date wie ein Rendezvous nach vierzig Jahre Ehe. Ich hörte von Paaren, die nach zwei Monaten feste Sitzplätze in der Küche beim Frühstück haben, die jeden Morgen genau denselben Weg zur Arbeit fahren, sich mittags immer im selben Restaurant zur selben Mahlzeit treffen und jeden Abend exakt gleich verbringen.

In der Welt der Improvisation gibt es viele Spiele, die sich mit dem Mysterium Beziehung auseinandersetzen. Ich schlug Tanja vor, eine Idee aus der traditionellen Improvisation mit ihrem Andreas auszuprobieren, und zwar das großartige Spiel »Neue Wahl«. Damit ist allerdings keine Partnerwahl gemeint.

NEUE WAHL

Vereinbart ist zwischen den Partnern eine einfache Spielregel: Immer, wenn Ihr Gegenüber etwas sagt oder macht, das Ihnen nicht gefällt, rufen Sie: »Neue Wahl!« Der andere muss dann sofort ein anderes Angebot machen, und zwar bis Sie sagen: »Prima.« Damit Sie sich das vorstellen können, gebe ich Ihnen ein praktisches Beispiel an die Hand, das sich hervorragend zur Nachahmung empfiehlt, vor allem, wenn Sie ohnehin von Ihrem Job genervt sind:

Ein Paar sitzt am Frühstückstisch. Es herrscht gemächliches Treiben.
    Er: »Ich verlasse heute das Haus um Viertel nach sieben.«
    Sie: »Neue Wahl!«
    Er: »Um halb acht.«
    Sie: »Neue Wahl!«
    Er: »Um halb neun.«
    Sie: »Prima!«

Jetzt hat das Paar über eine Stunde mehr Zeit, sich miteinander zu beschäftigen.[13] Was sie daraus machen, liegt an ihnen.

Dieses Spiel schlug ich Tanja vor. Danach entbrannte zwischen mir und Frau D. aus Kornwestheim ein Briefwechsel, der zeigt, warum spontanes Handeln aus der Liebe ein Vergnügen macht.

Lieber Sascha,

vielen Dank für den Neue-Wahl-Tipp. Gestern habe ich Andreas vorgeschlagen, es mit dem Spiel zu versuchen. Erst war er dagegen, unsere Beziehung mit Improvisationen aufzupeppen. Das sei Sozialpädagogengeschwätz. Wenn ich spontan sein wollte, könnte ich doch mal eben schnell den Keller aufräumen. Doch ich drängte ihn, und nach langem Zureden ließ er sich für zwei Stunden darauf ein. Es war merkwürdig, aber fantastisch. Ich wollte ursprünglich Pasta zum Abendessen kochen, aber er sagte so oft »Neue Wahl!«, bis wir bei Holzfällersteak mit Röstzwiebeln und Kartoffelbrei angekommen waren. Wir haben geschlemmt wie die Könige. Mit den Fingern (meine neue Wahl). Zum Nachtisch gab es dank Andreas: Heiße Himbeeren und Vanilleeis mit Schokosoße und Kokosraspel. Das war kein Abendessen, das war ein tätlicher Angriff auf meinen Diätplan. Als Andreas dann die Fernbedienung in die Hand nahm und sich auf irgendeinen Actionschrott freute, schlug meine Stunde. Er musste so lange weiterzappen, bis wir bei 3Sat gelandet waren! Zu der Klagenfurter Inszenierung von Parzival (die im Übrigen gar nicht schlecht war, wie Andreas befand) gab es Weißwein (Andreas) und

---

[13] Immer vorausgesetzt, die Person hat Gleitzeit und wird nicht gleich gefeuert, wenn sie morgens eine Stunde länger zu Hause bleibt. Das Spiel soll Probleme in der Beziehung lösen. Eine fristlose Kündigung ist dem eher abträglich.

ein schmackhaftes Gericht aus der Molekularküche (mein Wunsch). Es war ein Fest!

Wir haben fest vor, »Neue Wahl« ab jetzt mindestens einmal im Monat zu spielen! Für zwei bis drei Stunden.

Hast du noch andere Ideen? So ein Monat kann sonst ziemlich lang werden!

Deine Tanja

Liebe Tanja,

welch Freude, von dir zu hören. Klasse, dass euch das Holzfällersteak gemundet hat und dass Andreas sich auf einmal für österreichische Operninszenierungen begeistern kann. Einmal im Monat »Neue Wahl« zu spielen, wird euren Beziehungsalltag schon mal ein wenig auflockern, ohne dass es gefährlich werden kann. Meine Nachbarin Marion spielte es eine Zeit lang jeden Tag. Sie wurde regelrecht süchtig. Es endete damit, dass sie eines Tages nach Hause kam, ihrem Freund eigentlich nur ein Hemd für den nächsten Tag heraussuchen wollte und am Ende dem Vermieter einen Heiratsantrag machte.

Spiele, die bei dem anderen Toleranz und Kreativität fordern, sollten dosiert eingesetzt werden. Ganz wichtig: Verlang nie etwas, das du selbst nicht machen würdest. Nackt über die Straße zu laufen und »Alles vögelt und fliegt hoch« zu rufen, könnte euch in ernsthafte Schwierigkeiten bringen. »Neue Wahl« ist dazu da, dir und deinem Partner neue Perspektiven zu geben und euren Blickwinkel ein wenig zu erweitern, damit ihr auch mal nach rechts oder links schaut. Dort sollten dann nicht gleich Polizeiautos wegen Erregung öffentlichen Ärgernisses auf euch warten.

Auf deine Frage, ob es weitere hilfreiche Spiele gibt, kann ich laut frohlocken: Ja! Versucht es mal mit den Emo-Cards! Jeder von euch muss dazu zehn Emotionen auf Karten schreiben, zum Beispiel Freude, Glück, Wut, Beleidigtsein, Keckheit, Ruchlosigkeit... Tauscht die Karten untereinander aus, mischt sie und steckt sie ein. Jede Stunde wird eine Karte gezogen und ihr müsst zehn Minuten lang in dem Geisteszustand leben, den die Karte des anderen euch vorgibt. Probiert es gleich mal aus!

Viele Grüße und bis bald!

Sascha

Lieber Sascha!

Wir haben die Emo-Cards gespielt. Ein wirklich unglaubliches Spiel! Normalerweise ist unser Gefühlsleben recht eingeschränkt: Die Palette reicht nur von gut gelaunt über gelangweilt bis mies drauf. An guten Tagen ist auch Eifersucht oder Ungeduld dabei. Nach der Lektüre deines Briefes schrieben wir uns sofort gegenseitig Emotionen auf. Das Experiment warf die Frage auf, ob alle Männer überwiegend negative Gefühlsregungen kennen und alle Frauen überwiegend positive: Auf den Cards, die Andreas mir reichte, standen Wut, Trauer, Hoffnungslosigkeit, Pessimismus, Hass, Durst (warum auch immer), Demut, Ärger, Frust und merkwürdigerweise Geilheit. Andreas hingegen bekam von mir Karten, auf denen Liebe, Spaß, Euphorie, Freude, Romantik, Überzeugtheit, Ritterlichkeit, Entgegenkommen, lustige Stimmung und auch hier merkwürdigerweise Geilheit notiert waren. Dann nahm der Abend einen wirklich verrückten Verlauf. Als Andreas mir im Bad verliebt den Rücken einseifte, musste ich die Karte Frust umsetzen. Ihn veranlasste das dazu, sich richtig Mühe zu geben, was es mir schwerer machte, das Gefühl aufrechtzuerhalten, denn Andreas seift recht gut ein. Gott sei dank zog ich die Karte »Ärger« und warf ihn aus dem Bad. Da er dann die Karte »Spaß« zog, verließ er fröhlich die Nasszelle. Es war sogar recht logisch, dass ich ihn dafür hassen musste! So haben wir an einem Abend sämtliche Emotionen durchgespielt. Und was glaubst du wohl, welche Emo-Card bei beiden als letzte kam?

In jedem Fall ganz lieben Dank – warte, ich ziehe eine Emo-Card. Ohhh! Na, denn: Lass mich in Ruhe, du Idiot. Penner!

Ohne Grüße

Tanja

PS: Sorry, es stand auf der Karte! War schließlich deine Idee!

Liebe Tanja,

danke für deinen Brief. Ich freue mich, dass es immer besser zwischen euch läuft. Dass Andreas ein Meister des Einseifens ist, sei dir gegönnt. Besonders gelungene Abende dürfen übrigens auch ohne Karten wiederholt werden. Klasse, dass die Geilheitskarte bei beiden bis zum Schluss übrig blieb. (Natürlich habt ihr nicht geschummelt. Nein. Ganz bestimmt nicht!) Sollte das allerdings dreimal hintereinander passieren, muss ich euch disqualifizieren.

Nein, Spaß beiseite. Ich kann nichts mehr für euch tun, denn ihr seid auf dem richtigen Weg. Den Rest müsst ihr selbst machen. Denkt immer nur daran, dass ein wenig Spontaneität für die Beziehung das Salz in der Suppe, zu viel davon aber der Finger in der Kreissäge ist. (Verdammt ist das eine Metapher! Ich habe mich selbst gerade verblüfft!)[14][15]

Bis dann!

Sascha[16]

---

[14] Ich werde meine Lektorin fragen, ob sie möchte, dass ich auch noch ein Buch über Metaphern schreibe.

[15] Nein! Das möchte sie nicht. Anmerkung der Lektorin.

[16] Sie haben sich vielleicht gefragt, warum ich die Struktur des Buches, die sich im ersten Kapitel andeutete, verlassen habe, und stattdessen auf den

Neuen Wind in die eigene Partnerschaft
zu bringen ist meist gar nicht so einfach.
Gäbe es sonst so viele Ratgeber zu diesem
Thema? Und gerade in der Beziehung gibt
es viele Fallen, in die man tappen kann: Es
soll durchaus schon vorgekommen sein,
dass SIE die grandiose Idee hatte, nackt
auf dem Esstisch liegend und mit Obst
garniert auf ihn zu warten. Wenn
ER dann mit seinen Kumpels nach
Hause kommt, um sich eine Flasche
Bier aufzureißen, gibt es ein großes
Hallo. Sie ist sauer, weil er seine
Freunde unangemeldet mitbringt,
und er genervt, weil die Kumpel von

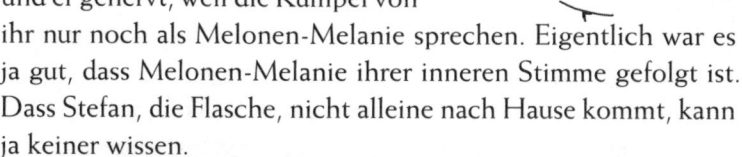

ihr nur noch als Melonen-Melanie sprechen. Eigentlich war es
ja gut, dass Melonen-Melanie ihrer inneren Stimme gefolgt ist.
Dass Stefan, die Flasche, nicht alleine nach Hause kommt, kann
ja keiner wissen.

Ich will Ihnen die neu gewonnenen Anregungen damit nicht
gleich madig machen. Im Gegenteil: Probieren Sie die beiden
Spiele, *Neue Wahl* und *Emo-Cards*, nach Lust und Laune aus.
Wichtig dabei ist, dass Sie bereit sind, Ihrem Instinkt und dem
Impuls des anderen zu folgen, und dass Sie beide überhaupt
ein Interesse haben, Ihre etwas abgestandene Beziehung in die
Gänge zu bringen. Unerlässlich dafür ist, dass Sie sich grund-
sätzlich überhaupt noch leiden können. Paare, die sich mit den
Worten: »Wenn ich deine Fresse sehe, könnte ich direkt wieder
ausflippen« begrüßen, spielen bereits ganz andere Spielchen.

Spuren von Annette von Günderode wandele und irgendwelche Briefwechsel veröffentliche. Die Antwort ist leicht: Als anspruchsvoller Leser
können Sie erwarten, dass ich nicht in jedem einzelnen Kapitel gleich
vorgehe. Daher habe ich jedes Kapitel spontan so gestaltet, wie es mir in
dem Moment in den Sinn kam.

Dies war nicht Tanjas Problem. Aber auch nach den beiden Spielen dürstete es sie nach mehr. Das Beziehungsleben in ihrem Reihenhaus in Kornwestheim glich nach einigen Wochen wieder einer Wechseldusche, mal gingen sie und Andreas vollkommen darin auf, mal fühlten sie sich davon so gelangweilt, dass eine gemeinsam angesehene Nachmittagstalkshow zum Höhepunkt des Tages wurde. Das erfuhr ich, als ich einen weiteren Brief von Tanja erhielt.

Hallo lieber Sascha,
ich bin's noch mal, die Tanja aus Kornwestheim. Ich möchte nicht undankbar oder gar gierig erscheinen, aber Andreas und ich sind erneut in einer Sackgasse angelangt. Du ahnst es bestimmt schon: Wir sind jetzt noch länger zusammen als bei unserem ersten Briefkontakt. Neue Wahl und Emo-Cards hatten uns zwar einander wieder ein wenig nähergebracht, aber in letzter Zeit streiten wir sehr oft miteinander. Habe ich früher über seine Macken, beispielsweise dass er auf dem Klo die BILD-Zeitung liest oder dass er beim Rotweintrinken unfassbar laut schlürft, noch lachen können, könnte ich ihm inzwischen an die Gurgel springen. Er wiederum dreht fast durch, wenn ich mal wieder ewig im Bad brauche. Hat er früher noch geduldig auf mich gewartet, treibt er mich heute an, als wäre ich Hochleistungssportlerin. Letztens ist er sogar ohne mich schon mal vorgefahren. Dabei war ich doch nur eineinhalb Stunden zu spät!
Sascha, du bist meine letzte Rettung. Was soll ich tun?
Liebe Grüße
Tanja

Warum hätte ich zögern sollen? Tanja war mir inzwischen ans Herz gewachsen. Darum nahm ich eine Denkerpose ein und machte mich umgehend an die Antwort.

Liebe Tanja,

vielleicht wird es dich nicht unbedingt wundern, dass ich Andreas gut verstehen kann: Auch ich schlürfe meinen Rotwein lieber, als das Gesöff sinnlos hinunterzustürzen, und das Mysterium von Frauen, die angesichts übervoller, turnhallengroßer Kleiderschränke trotzdem nicht wissen, was sie anziehen sollen, hat sich mir ebenfalls noch nicht erschlossen. Aber das steht auf einem anderen Blatt. Andererseits bin auch ich jemand, der weiß, dass das Raum-Zeit-Kontinuum im Bermudadreieck Bad bisweilen verschwimmt, und der es hasst, wenn er alle drei Minuten durch ein energisches Klopfen an die draußen herrschende Zeit erinnert wird.

Meine erste spontane Eingebung war es, Andreas mit der BILD zur Toilette zu schicken, sobald du in Outfitfragen tätig wirst. Allerdings kann er seinen Stuhlgang sicher nur schlecht planen. Außerdem könnte so eine Art Töpfchen-Training unangenehme Folgen haben: Wenn du Andreas erziehen würdest, damit er immer auf die Toilette muss, wenn du dich umziehst, könnte das chronisch werden. Der Mann würde stets ein stilles Örtchen benötigen, sobald jemand die Garderobe wechselt. Der Besuch von Bekleidungsabteilungen in Kaufhäusern würde dadurch unmöglich werden. Diese Schuld möchte ich nicht auf meine Schultern laden.

Aber es gibt etwas anderes, das ihr für eure Beziehung tun könnt. Euer Problem ist, dass ihr gewisse Dinge am anderen ablehnt. Das könntet ihr ändern, indem ihr euch in den anderen hineinversetzt. Dann würdet ihr euch durch die Augen des anderen sehen. Damit das gelingt, gibt es Body-Switch.

Das Einzige, was ihr für Body-Switch braucht, ist ein Gong, eine Klingel oder eine Glocke. Egal was. Hauptsache, das Ding macht Krach. Sobald ihr das Gefühlt habt, dass der andere euch nicht versteht, betätigt ihr den Lärmverursacher. Im nächsten Moment müsst ihr die Rollen tauschen: Du bist von da an Andreas, und er steckt in deiner Haut. Bei diesem Spiel geht es allerdings nicht darum, den anderen lächerlich zu machen, sondern ihn so zu spielen, wie man ihn sieht. Hier gilt, wie bei so vielem: Ihr müsst wissen, wann Schluss ist. Zehn Minuten reichen. Sobald Ihr auf der Arbeitsstelle des anderen aufkreuzt und dort einen ganzen Tag lang seinen Job erledigt, läuft was schief.

Auf, auf! Bin gespannt was ich für ein Feedback von dir bekomme.

Liebe Grüße
Sascha

Tanjas Antwort ließ einige Tage auf sich warten. Ich machte mir allerdings keine Sorgen, da ich damit gerechnet hatte, dass sie einige Zeit brauchen würde, um das Spiel zur vollen Entfaltung zu bringen.

Body-Switch ist unglaublich wirkungsvoll. Erstens erfahren Sie, wie Ihre Mitmenschen Sie sehen, und zweitens lassen Sie sich auf das spannendste aller Experimente ein: eine andere Rolle zu spielen und spontan auf jemanden zu reagieren.

Ich spielte Body-Switch einmal mit meiner Kollegin Betty, mit der ich schon oft auf der Bühne gestanden hatte. Betty heißt zwar nicht Boop mit Nachnamen, ist aber ein ebenso heißer Feger. Wenn wir gemeinsam auf der Bühne standen, sprühten wir vor Einfällen. Schon vor dem Auftritt juckte es mich deswegen in den Fingern. Die Show, in der wir auftraten, fand in einer fantastischen Halle statt, die bis auf den letzten Platz besetzt war. Na gut. Eigentlich hätten dort vierhundert Leute sitzen können. Es waren nur achtzig da. Aber die Theaterleiterin sagte, das sei nicht so schlimm. »Das vertanzt sich«, meinte sie trocken.

Mit uns im Programm waren noch ein Zauberer, eine Tanzgruppe und einige andere Darbietungen. Wir sollten zwanzig Minuten füllen und hatten *Body-Switch* im Programm. Wir befragten die Zuschauer, welche zwei Berufe in der Improvisation eine Rolle spielen sollten. Und so war die erste Vorgabe, dass Betty in der Rolle einer Stewardess und ich als Bestatter starten sollte. Ein Zuschauer stand auf der Bühne und gab uns mit einer Glocke vor, wann wir die Rollen tauschen sollten. Bei jedem BING-BING fand ein *Body-Switch* statt.

So kam es zur folgenden und bisher nie wieder gesehenen Szene mit dem sprechenden Titel: »Die Stewardess im Erste-Klasse-Sarg«

Bestatter Sascha betritt die Szene und tut so, als ob er sich in ein Flugzeug setzt und zu lesen beginnt.

Stewardess Betty kommt mit dem Getränkewagen vorbei: »Kaffee, Tee, Tomatensaft?«

Bestatter Sascha: »Gerne einen Tomatensaft! Wie lange fliegen wir denn noch?«

Stewardess Betty: »Noch eine Stunde. Warum?«

Bestatter Sascha: »Ich habe einen Sarg im Frachtraum, der muss bis sieben Uhr in Rom sein.«

BING-BING

Stewardess Sascha springt auf und ruft betont weiblich mit sehr hoher Stimme und exaltierter Gestik: »Einen Sarg? Wie gruselig! Im Frachtraum?«

Bestatter Betty setzt sich hin und lispelt: »Ja, im Frachtraum! Wo denn sonst? Ich wollte die Leiche als Handgepäck aufgeben, aber das darf man ja nicht.«

Stewardess Sascha antwortet serviceorientiert: »Es sei denn, es wäre eine Urne. Das geht schon.«

BING-BING

55

Bestatter Sascha von nun an logischerweise lispelnd: »Das ist ja interessant! Das hätte ich vorher wissen müssen. Dann hätte ich mir die Kosten für das Übergepäck gespart.«

Stewardess Betty handelt nun auch betont fraulich: »Ist denn da jemand drin im Sarg?«

Bestatter Sascha: »Nein, ich schmuggle Schmuck. Natürlich ist da jemand drin!«

Stewardess Betty: »Das geht aber nicht. Haben Sie denn für zwei Passagiere bezahlt?«

Bestatter Sascha: »Nein. Ist das ein Problem?«

BING-BING

Stewardess Sascha grinst und winkt ab: »Ach was!«

Bestatter Betty runzelt die Stirn: »Da bin ich aber froh! Vielen Dank. Sie sind ja eine überaus süße und attraktive Stewardess!«

BING-BING

Stewardess Betty fährt sich durchs Haar: »Oh, danke! Ich weiß ...«

Natürlich haben wir beim Rollentausch in diesem Fall auch die Möglichkeit genutzt, uns das Leben etwas leichter zu machen. Ich verschaffte meiner Rolle die Möglichkeit, die Leiche ohne Mehrkosten zu transportieren, und Betty nutzte die Szene, um sich selbst ein Kompliment zu machen.[17][18]

So etwas sollte im Beziehungsdschungel natürlich tabu sein. *Body-Switch* sollte dazu dienen, den Partner in Zukunft besser zu

---

[17] Frage der Lektorin: Wie ging denn die Szene aus? Bei dem Titel erwartet man Mord und Totschlag ...

[18] Autor: Es stellte sich heraus, dass im Sarg doch Schmuck war, den der Bestatter schmuggeln wollte. Die Stewardess war aber selbst hoch verschuldet, sodass beide gemeinsame Sache machten und sich nach Neufundland absetzten.

verstehen, und nicht dazu, durchzudrücken, dass der Klodeckel in Zukunft beim Pinkeln unten bleibt. Es geht darum, schnell und spontan in eine andere Rolle zu wechseln. Sie werden sehen, dass Sie sich anders verhalten als sonst. Sie werden andere Sachen sagen und sich anders bewegen.

Probieren Sie den Körperwechsel doch selbst mal aus – auch ohne Partner. Sie brauchen nur einen Stift und eine Uhr. Ich werde Ihnen im Folgenden einige Fragen stellen. Unter jeder Frage finden Sie jeweils drei Antwortfelder mit einer Rolle, in die Sie zur Beantwortung der Frage schlüpfen sollen. Sie haben drei Minuten Zeit, die Antwort aufzuschreiben. Wenn möglich, antworten Sie in ganzen Sätzen. Ja oder Nein sind als Antworten nicht erlaubt, denn eine so knappe Beantwortung lässt es nicht zu, dass man in eine Rolle schlüpft. Lassen Sie sich auf den *Body-Switch* ein, auch wenn er nur auf dem Papier stattfindet.

Ein kleines Beispiel gebe ich Ihnen vorweg. Die Frage lautet: »Ich brauche hundert Euro, kannst du mir die leihen?«

Als *Mutter* könnten Sie antworten: »Hast du sie noch alle? Du bist erst sechs Jahre alt – wozu brauchst du hundert Euro? Vierzig Springseile? 5000 Weingummicolafläschchen?«

Wohingegen Sie vielleicht als *Metzger* antworten würden: »Sehe ich etwa aus wie eine Bank? Mett oder Zunge können Sie haben, das war's! Und was fällt Ihnen ein, mich einfach zu duzen?«

Und ein *Sozialarbeiter* würde sagen: »Was ist denn los? Probleme? Sollen wir mal reden?«

Wie gesagt, das ist nur ein Beispiel. Mir ist bewusst, dass es den meisten von uns trotz Finanzkrise eher abwegig vorkommt, bettelnd durch die Innenstädte zu irren.

Deshalb habe ich mir für Sie noch ganz andere Fragen ausgedacht:

»Können Sie mich zum Ostbahnhof mitnehmen?«

Antworten Sie doch mal als *Polizist*:

_____

Was sagen Sie, wenn die Fragende Ihre *Großtante* ist?

_____

Und wenn Sie denjenigen gerade als *Taxifahrer* durch die Gegend kutschieren?

_____

»Was ist Ihr Lebensmotto?«

Was würde wohl Ihr *Nachbar* antworten?

_____

Und wie sieht das eine *Nonne*?

_____

Wie aufregend ist wohl das Motto eines *Physikstudenten*?

_____

»Was wünschst du dir zum Geburtstag?«

Ganz wichtig: Die Antwort Ihres *Traumpartners!*

Und was wünscht sich ein *Stripper?*

Und was antwortet wohl *Barack Obama?*

»Was ist dein Lieblingsurlaubsland?«

Wissen Sie, was Ihr *bester Freund* oder Ihre *beste Freundin* nun sagen würde?

Und ein *Schreiner?*

Und Ihre *Friseurin?*

»Was sollte sich in Deutschland verändern? Oder soll alles beim Alten bleiben? Warum?«

Können Sie sich noch an Ihren *Deutschlehrer* erinnern?
Der hätte jetzt folgende Antwort parat:

Der *Osterhase* sagt:

Und ein *Arzt* Ihres Vertrauens, was würde der darauf erwidern?

Beim *Body-Switch* sollten Sie es genießen, mal eine andere als Ihre eigene Position zu beziehen. Auf die Frage: »Was halten Sie von einer Nacht mit einer hübschen Blondine?«, antwortet ein Bauarbeiter anders als ein Pfarrer. Zumindest hoffe ich das. Es sei denn, der Bauarbeiter ist schwul und der Pfarrer wird anonym befragt. Aber auch in diesem Fall können sich die Antworten durchaus unterscheiden.

Sie können *Body-Switch* auch gerne im Freundeskreis spielen. Vertauschen Sie doch mal die Rollen beim Spieleabend oder auf einer Wanderung. Ort und Zeit sind egal. Sie werden erleben, dass Sie die Welt mit anderen Augen sehen, wenn Sie sich darauf einlassen. In der Rolle einer anderen Person trauen Sie sich bestimmt auch, vehementer eine Meinung zu vertreten, weil Ihnen niemand an den Karren pinkeln kann. Ihr wahres Ich ist aus der Sache raus!

War es Tanja aus Kornwestheim auch so gegangen? Ich war gespannt. Nach Tagen des Wartens lag ihr Antwortbrief endlich in meinem Postkasten.

Lieber Sascha,

der Body-Switch war eine echte Herausforderung und eine, wie drücke ich mich vorsichtig aus, merkwürdige, wenn auch prägende Erfahrung. Da die Zeit drängte, begannen wir Body-Switch schon außerhalb der eigenen vier Wände zu spielen. Es war Samstagvormittag und wir nahmen unsere bereits bewährte Discount-Glocke mit. Als wir uns ins Auto setzten, um in die Innenstadt zu fahren, klingelte Andreas das erste Mal. Normalerweise fahre ich, nun nahm er an meiner Stelle auf dem Fahrersitz Platz. In Andreas' Rolle auf dem Beifahrersitz geizte ich nicht mit spitzen Bemerkungen, wie das Ziel schneller zu erreichen wäre. Er hingegen fluchte wie ein Bierkutscher und belegte alle anderen Autofahrer mit unflätigen Flüchen. Ich war erstaunt, dass ich so eine rüpelhafte Autofahrerin bin. Als es ans Parken ging, betätigte ich die Glocke, denn ich weiß, wie Andreas einparkt, und das ist weiß Gott keine Freude. Ich manövrierte den Wagen in die Lücke – und verkniff mir dabei einige bissige Kommentare über die Fahrzeuge rechts und links.

Wenig später standen wir in der Einkaufspassage vor einem Schuhgeschäft. Ein Schuhgeschäft! Innerlich jubilierte ich bereits. Doch Andreas schaltete sich ein und nahm nach dem Klingeln meine Rolle ein. Er hüpfte ein paar Mal auf der Stelle und bat mich dann mit einem Augenaufschlag, doch hineinzudürfen. Mir blieb nichts anderes übrig, als zu stöhnen und mich meinem Schicksal zu ergeben. Kaum im Laden, steuerte er zielstrebig das Regal mit den Turnschuhen an. Wie sonst auch. Aber er war ja ich, und darauf wies ich ihn nun dezent hin. Pumps in Schuhgröße 45 gab es nur wenige, und er machte keine wirklich gute Figur in der Abteilung mit den Damenschuhen. Ich muss zugeben, ich feixte innerlich. Und es fiel mir nicht schwer, die Rolle von Andreas zu spielen, als er sich tatsächlich für ein Paar Wildlederstiefeletten mit Absatz entschied. Allerdings eines, das bei jeder Frau Allergieschübe ausgelöst hätte. Er zog den Stiefel durch.

Darauf schlenderten wir noch ein wenig durch die Stadt. Als ein Kumpel von ihm auf uns zukam, musste Andreas ihn in meiner Rolle mit Küsschen auf die Wangen begrüßen. Ich erlöste ihn nach dieser Begegnung und war froh, wieder ich zu sein.

Wir haben viel gelernt an diesem Tag. Ich weiß nun, wie es ist, im Stehen zu pinkeln, und Andreas hat die neuesten Schminktipps frei nach Youtube ausprobiert. Als der Abend kam, schlief ich mit Stieg Larssons drittem Band ein (ohne dass ich den Anfang gelesen hatte) und er kämpfte sich durch Stephenie Meyers Vampirepos. Mit Tränen in den Augen. Man kann nur spekulieren, warum.

Es war seltsam, aber sicher kein verlorener Tag.

Alles Liebe

Tanja

PS: Andreas hat übrigens beschlossen, kochen zu lernen. Erstens sei dies keine geschlechterspezifische Tätigkeit. Außerdem hat er Angst bekommen, dass er sich nicht ernähren kann, falls wir uns mal trennen.

Liebe Tanja,

ganz ehrlich: Body-Switch ist keine Therapiesitzung und auch kein buddhistisches Meditationstool. Es kann weder eine Beziehung retten, die am Ende ist, noch wird es dir irgendwelche Glühbirnen in deine geistige Fassung schrauben. Es ist, was es ist: ein kurzer Ausflug in eine andere Rolle. Dass man beizeiten zurückswitchen sollte, zeigt euer Besuch im Schuhgeschäft. Deine Freude daran, Andreas in zu kleine Pumps steigen zu lassen, ist besorgniserregend. Kaum auszudenken, was passiert wäre, wenn du noch ein paar Tage drangehängt hättest. Andreas hätte vielleicht auf Travestiekünstler umgesattelt und du müsstest ihn managen.

Wie auch bei anderen, einschlägigen Freizeitbeschäftigungen gilt beim Body-Switch vor allem eines: Erlaubt ist, was gefällt.

Ich würde mich freuen, nicht noch mal von dir zu hören. Nicht, weil du mir inzwischen den letzten Nerv raubst, sondern weil ich dann weiß, dass es euch gut geht.

In diesem Sinne

Sascha

Das Wichtige beim *Body-Switch* sind gegenseitiger Respekt und der Mut, seine eigene Schlagfertigkeit zuzulassen. Spontan zu reagieren ist dabei unerlässlich, da man Gewohnheit und Instinkt durch Einfühlungsvermögen ersetzen muss. Wenn Sie es selbst ausprobieren wollen, dann brauchen Sie die andere Person nicht lange zu studieren, bevor Sie loslegen. Springen Sie einfach in die Rolle und lassen Sie geschehen, was mit Ihnen passiert.

Eine solche Spielekur kann wie ein Urlaub vom Beziehungsalltag wirken. Wenn Sie wissen wollen, wie auch die tatsächlichen Ferien gelingen, dann lesen Sie an dieser Stelle doch einfach weiter.

KAPITEL DREI

»IBIZA IST EINE INSEL IRGENDWO VOR DER KÜSTE
EINES FESTLANDES.« WENN DAS ALLES IST,
WAS SIE WISSEN WOLLEN, WERDEN SIE NIX ERLEBEN

REIF FÜR DIE INSEL

Ich habe eben großkotzig angekündigt, dass ich jedes Kapitel spontan anders gestalte, und schon bin ich in einer Schaffenskrise. Schreibblockade! Ich klinke mich mal ein paar Seiten aus. Brauche Ruhe! Muss den Kopf frei kriegen. Bis später.

So! Jetzt weiß ich, wie Kapitel drei aussehen soll. Anfangs wollte ich es komplett auf Englisch schreiben, da man mit dieser Sprache im Urlaub fast überall weiterkommt. Ich habe diesen Gedanken sofort verworfen, da ich davon ausgehe, dass dieses Buch selbstverständlich auch in England für Furore sorgen und Joanne K. Rowling in ihre Schranken weisen wird. Dieses Kapitel hätte dann dort nur Sinn ergeben, wenn es auf Deutsch abgedruckt worden wäre. Dies gestaltet sich schwierig, da nur sehr wenige Engländer Deutsch sprechen. Zudem hatte ich keine Lust, maulende Briten zu treffen, die mir vorwerfen: »*Our last holiday was terrible. We couldn't be spontaneous because we couldn't read chapter three.*«[19]

Wir kommen daher nun auf Deutsch zur Besonderheit dieses Kapitels. Es bietet Ihnen durch einen flotten Test die Möglichkeit herauszufinden, welcher Urlaubstyp Sie sind. Betrachten Sie also zunächst ausgiebig die Bilder auf den folgenden Seiten und beantworten Sie die dazugehörigen Fragen.

[19] Vielen Dank an meinen Freund Daniel, der des Englischen mächtig ist.

Bild Nr. 1

Was denken Sie?

a) Verdammt! Wo ist der Rest der Touristen? Ich bin doch
   nicht bei »Lost«.
b) Super. Endlich Ruhe! Mach dich nackig, Baby.
c) Volleyball! Ich will Volleyball spielen! Und zwar sofort.
   Und danach Tennis, und dann Pool Baseball. Und überhaupt: Wann ist es endlich Zeit für den Clubtanz?
d) Stehen diese Palmen unter Denkmalschutz, oder warum
   sind wir hier?
e) Dieser Teil vom Strand gehört mir! Nur mir! Alles meins.
   Meins!!

Bild Nr. 2

Was möchten Sie jetzt am liebsten tun?

a) Herrlich! Ab in mein Zimmer 1268!
b) Ich fahre zum dreihundert Kilometer weit entfernten Strand.
c) Volleyball! Ich will Volleyball spielen!
d) Wo ist die nächste Sehenswürdigkeit?! Schnell, die Langeweile setzt ein! Hiilfeee. Ich brauche ein Museum.
e) Es ist Mittagsruhe! Alle mal Schnauze halten jetzt! Es heißt Siesta und nicht Fiesta. Ruhe – oder ich zeige Sie an.

Was kommt Ihnen in den Sinn, wenn Sie diese Straße sehen?

a) Dieses Taxi gehört mir, ich habe schließlich heute morgen um acht ein Handtuch draufgelegt.
b) Schön, dass es diese Roland-Emmerich-Katastrophenfilme gibt, in denen so was zerstört wird.
c) Hier ist ja gar kein Platz für Volleyball und Tennis und Pool Baseball. Ist jetzt endlich Zeit für den Clubtanz?
Warum kann ich denn im Bus nicht mit Perlen bezahlen?
d) Ich nehme das Apartment im dritten Stock. Und dann ab ins Museum, in die Kirche, auf den Dorfplatz, ins In-Restaurant und danach noch in drei Musicals.
e) Nur Nachbarn. Ekelhaft! Ruuuhheeee!

Bild Nr. 4

Was sagen Sie dazu?

a) Da ist doch noch mindestens Platz für dreißig weitere Leute auf dem Spielfeld. Und da hätt ich auch schon eine Idee: Jetzt spielt Stockwerk vier gegen Stockwerk sechs. Dann die Zimmer mit Meerblick gemeinsam gegen die mit Poolblick. Und am Ende alle Deutschen gegen die Engländer.

b) Hallooooo?! Ihr Ball ist auf meinem Handtuch gelandet! Das hatte ich gerade auf eine Liege draufgelegt!

c) Volleyball? Jetzt will ich zum Tennis.

d) Reicht die Volleyballtradition dieses Strandabschnitts weit zurück?

e) Das sind mir zu viele Leute, und überhaupt: so viel Strand! Ich komme mir so verloren vor. Außerdem kenne ich hier niemanden.

Bild Nr. 5

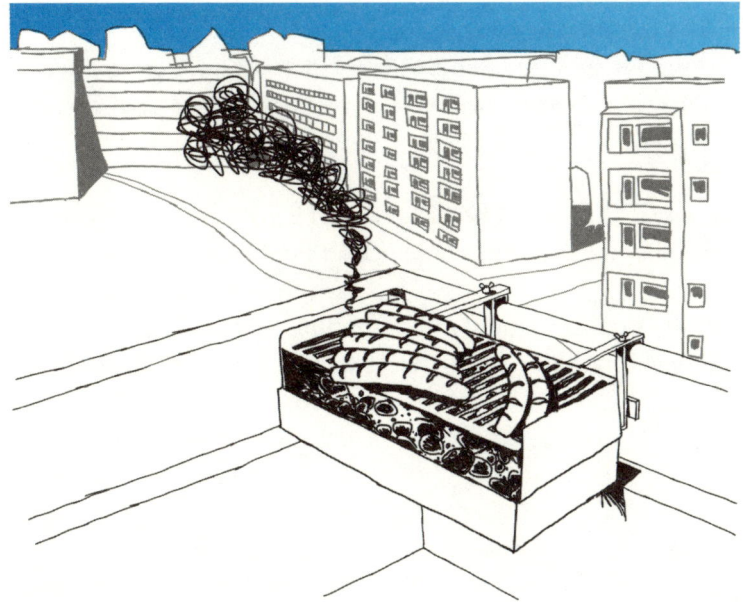

Und was löst dieses Bild in Ihnen aus?

a) Wir waren zuerst am Büffet!
b) Das schraub ich ab und nehm es mit an eine einsame
   Lagune.
c) Das muss eine ganz neue Sportart sein ... Interessant.
d) Schnell, mach Fotos! Ein einheimisches Ritual!
e) Papi ist der beste Grillmeister.

Testauswertung:

Haben Sie überwiegend A angekreuzt? Dann sind Sie ein Massentourist! Bitte lesen Sie den Abschnitt mit dem großen A. Das mag Ihnen wie eine Beleidigung vorkommen, aber das ist es ja auch.

Haben Sie Ihr Kreuz überwiegend bei B gemacht, dann gehören Sie zu den Individualreisenden unter Punkt B.

Alle, die sich zu C hingezogen fühlten, sind klassische Clubber und denen rate ich, ebenfalls Abschnitt A für Massentouristen zu lesen. Es gibt doch viel mehr Leute, die das toll finden, als man gemeinhin denkt. Wenn Sie das nicht wollen, dann husch, husch in die Lounge.

Wer sich für die Antworten unter D erwärmen konnte, ist ein typischer Städtebesucher. Diese Testabsolventen dürfen unter Buchstabe D nachlesen, wie sie im Urlaub spontaner werden können.

Wer extrem viel E angekreuzt hat, zählt zur Spezies der Balkonier. Sie finden Ihre Antwort, wie könnte es anders sein, unter dem Buchstaben E.

A MASSENTOURISTEN

Sie lieben es, mit Millionen von Ruhrgebietlern auf engstem Raum zusammengepfercht zu werden? Sie mögen Hotels mit Tausenden von Zimmern und mit mehr Menschen im Pool als Wasser? Keine Frage, dann sind Sie ein Massentourist. Es gehört für Sie zu einem komfortablen Urlaub dazu, dass Sie ins Hotel und zurück geshuttelt werden. Sie schließen schnell Freundschaften mit anderen Touris und schätzen Ihre fest vom Hotel diktierten Tagesabläufe. Das mag einen Tag lang ganz nett sein. Und Sie wissen ja: Nett ist die kleine Schwester von Scheiße. Überlegen Sie doch mal, ob Ihr Urlaub nicht hin und wieder aufregender sein könnte. Versuchen Sie aus der Tristesse des Massentourismus auszusteigen. Werden Sie zum Wilhelm Tell der Bettenburgen. Nur weil Sie seit 25 Jahren den gleichen Urlaub machen, muss Jahr 26 nicht genauso verlaufen. Sind Sie bereit für neue Erfahrungen auf bekanntem Terrain? Wenn das so ist, lege ich Ihnen ein Spiel nahe, das in der Theaterszene zu den Highlights zählt. Es heißt *Genre-Gaudi*.

Genre, für die Wissbegierigen unter euch, ist das, was in der Videothek an den Regalen steht. Komödie, Drama, Krimi, Porno.

Genre-Gaudi

Beim *Genre-Gaudi* haben Sie die Aufgabe, normalen Abläufen, Situationen oder Momenten in Ihrem Urlaub anders zu begegnen als sonst. Stellen Sie sich eines der normalen täglichen Ereignisse einfach in einem bestimmten Filmstil vor. Zum Beispiel könnte das Frühstücksbüffet im Stil eines Jane-Austen-Kostümfilms eingenommen werden, oder Sie tun bei der Poolgymnastik so, als ob Sie ein Teil des Films *Dirty Dancing* wären. Sie brauchen dafür keinen Text zu lernen oder teuren Schauspielunterricht bei einem überbezahlten Rumänen zu nehmen, der mal ein halbes Jahr in Bukarest am Stadttheater gespielt hat. Erfassen Sie die Situation ganz allein aus Ihrer Fantasie und versetzen Sie sich in das jeweilige Genre hinein.

Als kleine Trockenübung habe ich die nun folgenden Beispiele tageschronologisch aufgebaut, damit beim Lesen als kleiner Nebeneffekt auch noch das richtige Urlaubsfeeling aufkommt. Verdammte Hacke, bin ich gut. Ich könnte jetzt glatt ins nächste

Maritim rennen, im Frühstücksraum eine La Ola anzetteln, und danach zum Chillen im Pool beim Aquayoga mitmachen. Aber das nur nebenbei.

08:00 Uhr

Diese Situation kennen Sie: Sie sind noch auf dem Zimmer und die Reinigungskräfte wollen Ihr kleines Domizil mit oder ohne Meerblick tageslichttauglich machen. Einige gehen peinlich berührt auf den Balkon, um den Armen nicht beim Saugen zuschauen zu müssen. Andere verlassen sogar ihr Zimmer, damit sich das Reinigungspersonal hygienisch austoben kann. Die meisten hängen des Nachts schlicht ein rotes Schild an die Klinke, um dem Personal mitzuteilen, dass ihr Zimmer bei Anbruch des Tageslichts und bis in die späten Vormittagsstunden noch nicht reinigungsbereit ist. Lassen Sie das. Genießen Sie den für Sie ungewohnten Vorgang. Werden Sie ein Teil davon.

Sobald das Reinigungskommando an Ihre Zimmertür klopft, benehmen Sie sich wie in einem Agentenfilm. Geben Sie leise ein Klopfzeichen zurück. Es ist davon auszugehen, dass von der Gegenseite erneut geklopft wird. Diesem Klopfen begegnen Sie wie ein gut geschulter Spion. Öffnen Sie die Tür und sagen Sie etwas, das nach einem geheimen Code klingt, wie zum Beispiel: »Die Fische schlafen alle kopfüber!«

Nachdem Sie das überforderte Gesicht der Ihnen zugeteilten Raumfachkraft lange genug genossen haben, lassen Sie die Dame oder den Herrn ins Zimmer. Führen Sie nun groteske Gespräche mit Ihrem Partner, wenn dieser sich ebenfalls noch im Zimmer befindet. Falls Sie alleine urlauben, sprechen Sie Kauderwelsch in ein Diktiergerät. Wenn Sie gerade keins dabeihaben, kann Ihnen die raumeigene Fernbedienung gute Dienste leisten. Schauen Sie mit wachsamem Blick alle paar Minuten nach draußen und fotografieren Sie alles, was dort vor sich geht. Auch wenn es nur der tägliche Gang der anderen Touris zur Fütterung ist. Ihr Name ist Bond, James Bond. Glauben Sie mir, so unterhaltsam war die Reinigung Ihres Zimmers für Sie noch nie. Lassen Sie Ihrer Fantasie freien Lauf und gehen Sie ganz in Ihrer Rolle auf. Aber Vorsicht – verlieren Sie sich nicht darin. Ich möchte keine bösen Briefe von Hotelketten erhalten, in denen man sich darüber erzürnt, dass ich Touristen dazu animieren würde, die Zimmermädchen zu fesseln und zu verhören. Sie müssen immer wissen, wann es genug ist.

Wer kein Spionagefan ist, könnte natürlich auch einen Western spielen: Es klopft an Ihrer Tür – Sie sitzen auf einem Stuhl, die Füße lässig auf dem Tisch geparkt. GAAAANZ WICHTIG: Kauen Sie auf irgendwas rum, zum Beispiel auf einem Zahnstocher oder auf einem Hotel-Kuli. Spucken Sie alle drei Sekunden verächtlich auf den Boden oder tun Sie wenigstens so. Wenn es klopft, brüllen Sie: »Komm rein, du dreckiger Halunke!« Es erscheint eine wahrscheinlich etwas verunsichert wirkende Sauberkeitsexpertin. Wenn sie fragt: »Darf ich das Zimmer aufräumen?«, dann schlägt Ihre Stunde. Schauen Sie ihr in die Augen. Und dann sagen Sie mit dem Timbre eines John Wayne: »Hallo Fremde! Sie sind wohl neu in der Stadt! Hier herrschen klare Gesetze, Schätzchen. Ich werde hinausreiten, um Hilfe zu holen. Dieses Zimmer ist eindeutig zu klein für uns zwei. Wir treffen uns um zwölf Uhr mittags vor dem Saloon.«

Sie können sicher sein, dass Sie ein verwirrtes Zimmermädchen zurücklassen werden, das (je nachdem, wie abgehärtet sie im Massentouri-Business ist), wenn Sie Glück haben, noch Ihr Zimmer macht. Bitte drehen Sie aber nicht komplett durch und versuchen Sie auf keinen Fall, ein Streichholz an der Wange der bedauernswerten Frau zu entzünden. Holen Sie sich auch kein Pferd in Ihr Zimmer, um Ihre Rolle glaubwürdiger zu gestalten. Und bitte, bitte keine Gewalt. Zerkloppen Sie auf gar keinen Fall einen Stuhl auf dem Kopf der Dame und werfen Sie sie anschließend auch nicht durchs geschlossene Fenster. Und bedrohen Sie auch nicht das übrige Personal mit einer Winchester 73, nur um die Damen und Herren aufzufordern, die Mülleimer zu leeren.

09:00 Uhr

Sie wissen, Sie wollen nur eines: an den Pool! Aber die Erfüllung Ihres feuchten Traums liegt in weiter Ferne. Jede, wirklich jede Liege, ist mit einem Handtuch reserviert. Früher dachte ich, die Erzählungen von Menschen, die allmorgendlich das Gros der Poolliegen reservieren, seien urbane Legenden. Geschichten, die man sich am Lagerfeuer erzählt oder ungezogenen Kindern zuraunt, um ihnen Angst einzujagen. In meinem ersten Pauschalurlaub musste ich feststellen: Sie sind wahr! Als ich eines Morgens um fünf Uhr nach einer erlebnisreichen Nacht ins Hotel zurückkehrte, hatten die ersten Familien bereits ihre Handtücher strategisch platziert. Die Ausrichtung der Handtücher ließ Rückschlüsse darauf zu, dass sie dafür eine meteorologische Grafik erstellt hatten, die auf Wetteraufzeichnungen der Region in den letzten fünfzig Jahren beruhte und ihnen anzeigte, wo sich im Umfeld des Pools der sonnigste Platz befand. Ich muss zugeben, ich war baff.

Nun zurück zu Ihnen. Da auch Sie sich einen Platz an der Sonne verdient haben und vermutlich nicht zur »Ich-stell-mir-fürs-Handtuchplatzieren-um-vier-den-Wecker«-Fraktion gehören, gebe ich Ihnen nun zwei Anregungen aus dem Genre-Gaudi, mit denen es für Sie zum Kinderspiel wird, eine Liege zu ergattern.

Erfolg mit dem klassischen Mafiafilm

Begeben Sie sich vor dem Frühstück zum Pool, dann, wenn die Liegen zwar reserviert, aber noch nicht belegt sind. Sie sollten ein Foto von einem abgetrennten Pferdekopf vorbereitet haben, das Sie unter dem Handtuch Ihrer Wunschliege platzieren. Schreiben Sie mit Großbuchstaben darauf: »Kein guter Platz an der Sonne. V. C.« Sollte das Handtuch am nächsten Morgen trotz Ihrer Warnung noch die Liege blockieren, gehen Sie, möglichst im weißen Anzug und mit Sonnenbrille, zu der betreffenden Person. Nun ist Ihre Schauspielkunst gefragt. Raunen

Sie mit starkem Akzent und rauchiger Stimme: »Hast du Vitos Geschenk bekommen? Gut. Ich habe ein Angebot, das du nicht ablehnen solltest. Diese Liege hier bleibt frei, oder du wachst morgen mit Betonsandalen auf! Ciao.« Cool um die Ecke gehen. Umziehen. Warten. Dann die freie Liege genießen.

Bitte benutzen Sie keine echten Pferdeköpfe, sondern nur Fotos mit viel Kunstblut. Erstens gäbe das Ärger mit Tierschützern und zweitens glaube ich auch nicht, dass Sie auf die Schnelle genug Pferde zusammenbekommen, um alle Liegen damit zu belegen. Man würde das ohnehin zu Ihnen zurückverfolgen können und Sie müssten sich vielleicht unangenehmen Nachfragen stellen.

Die schnelle Problemlösung per Krimi

Gehen Sie auf die von Ihnen bevorzugte belegte Liege zu. Das perfekte Outfit für Ihren Coup ist ein grauer Trenchcoat. Sie beginnen nun, die Liege zu untersuchen. Die sich sonnende Person wird etwas misstrauisch in Ihre Richtung sehen. Lassen Sie sich davon nicht beeindrucken und fahren Sie mit Ihrer Tatortbesichtigung fort. Nach einer Weile sagen Sie in ernstem, aber bestimmtem Tonfall: «Ich muss diese Liege konfiszieren. Sie ist Gegenstand eines Verbrechens.« Dann nehmen Sie die Liege huldvoll entgegen und verschwinden im Hotel. Warten Sie etwa zwanzig Minuten. Wenn Sie nicht in Sichtweite des Pools sind, dürfen Sie sich dabei auch an einer der hoteleigenen Bars einen oder mehrere Drinks hinter die Binde kippen. Sobald die Luft rein ist, werfen Sie sich in Ihre Poolbekleidung und begeben sich zum fröhlichen Badespaß. Wenn Sie von dem durch Sie Vertriebenen angesprochen werden, sagen Sie, dass Sie als Lockvogel dienen, gerade bei der Aufklärung einer Straftat behilflich sind und auf keinen Fall beim Gespräch mit ihm beobachtet werden dürfen. Die Liege wäre nun mit einer Wanze ausgestattet und würde den ganzen Tag abgehört werden. Die penetranten Handtuchwerfer werden die Poolliegen mit Sicherheit nicht mehr so schnell reservieren. Wenn Sie Glück haben, spricht sich Ihr Manöver herum und Sie haben bald freie Bahn am Planschbecken.

13:00 Uhr

Das erste Bier an der Poolbar. War der Genrefundus, aus dem Sie bisher gewählt haben, bis jetzt noch ziemlich basic, machen wir uns nun zu abgelegeneren Ufern auf. Kitzeln Sie doch mal einen romantischen Historienfilm aus sich heraus. Gehen Sie an die Theke und pudern sich das Näschen. Nachdem Sie sich auf die venezianische Art Luft zugefächert haben, sprechen Sie die Bedienung an: »Junger Wirtsherr! Es dürstet mich. Hat Er etwas von diesem wunderbaren Getränk, das beim gemeinen Volk so beliebt ist? Eine erfrischende Hopfen-Kaltschale. Ich glaube, man nennt es Bier!« Wenn Ihnen der Humpen gereicht wird, bezahlen Sie mit höflichen Worten.[20] Lassen Sie sich also nicht zu tief in Ihre Rolle fallen: Wenn Ihnen eine Rechnung präsentiert wird, schreien Sie den Mann keinesfalls an: »Was erlaubt Er sich? Von mir Geld zu erwarten! Er darf mir den Dreck unter den Flipflops wegkratzen und nun entferne Er sich! Pöbel! Gesindel!«

Eine so starke Identifizierung mit der Rolle ist nicht gewünscht. Im Klartext: Laufen Sie nicht als wandelndes Multiplex-Kino durch die Anlage. Sie müssen nicht jede Stunde einen neuen Film fahren. Sie wollen ja nicht in der örtlichen Psychiatrie versauern, nur weil Sie Ihren Urlaub etwas aufregender gestalten wollten.

18:00 Uhr

Wie alle Massentouris verbringen Sie sicher nach dem kleinen Poolbier den Rest des Tages bis zum Abendessen am Pool. Kurz vor dem abendlichen Mahl kommt es bei dieser Art des Urlaubens zur größten Herausforderung und zum schlimmsten

---

[20] Oder zeigen Sie kokett Ihr All-inclusive-Bändchen vor.

Stressmoment. Hysterische und man könnte meinen vollkommen runtergehungerte Menschen in Dreiviertel-Hosen und ausgesprochen geschmacklosen Hemden lungern bereits lange Zeit vor dem Essen in unmittelbarer Nähe des Restaurants herum. Wie Raubtiere belagern sie die Tür, um als Erste schlaffe Tomatenscheiben mit fadem Mozzarella zu ergattern. Diese Menschen wittern die Gaumenfreuden schon lange bevor sich die Türen des Speisesaals öffnen. An kilometerlangen Büffets werden tonnenweise Nudeln, Bratkartoffeln, Fritten, Braten in tiefbrauner Bratensoße, Gemüse in schieren Hektolitern Sauce Hollandaise und das allseits beliebte Salatbüffet bereitgestellt. Sobald die Büfett-Stürmer eingelassen werden, herrscht pure Gier. Diese Gourmands haben die Kunst perfektioniert, so viel Essen wie nur irgend möglich auf ihren Teller zu häufen, ganze Kuchenplatten auf einmal abzuräumen und an Früchten und Süßigkeiten alles zusammenzuraffen, was nicht niet- und nagelfest ist.

Das Hotelbüfett ist das Eldorado der Steakhouse-Salatstaplerinnen. Wie Sie wissen, darf man im Steakhouse immer nur einmal zum Salatbüffet. Ich habe einmal eine Frau beobachtet, die sich einen vierzig Zentimeter hohen Salatturm auf ihren 2,95-Euro-Miniteller geschichtet hatte. Es gelang ihr dabei sogar, vier hart gekochte Eier auf dem Frisee-Gipfel zu drapieren, diese mit Schinken zu ummanteln und das Ganze mit einem Pfund Croutons zu bestreuen. Eine wahre Künstlerin. Sollten Sie diesen Trick einmal ausprobieren wollen, verzichten Sie beim Anrichten Ihrer grünen Eiger-Nordwand aufs Dressing. Es macht den Salat glitschig, und dann wird es Ihnen kaum gelingen, hoch genug zu stapeln. Es besteht darüber hinaus die Gefahr, dass Sie auf dem Weg zu Ihrem Platz eine Spur aus Oliven, Silberzwiebelchen, Mais und Cocktailtomaten hinterlassen. Wie bei Hänsel und Gretel kann man dann den Weg zu Ihrem Tisch rekonstruieren.

Zurück zu Ihrer Urlaubsidylle. Vor der Tür der Nahrungsabfertigung warten also gefühlte tausend Leute, unter ihnen etliche durch das Steakhouse-Salatbüffet geschulte Stapelweltmeister, auf die Fütterung. Es ist 18:27 Uhr. Um 18:30 Uhr werden die Pforten zur Befriedigung niederster kulinarischer Instinkte geöffnet. Wie kommen Sie dennoch ohne lange Wartezeiten als Erster an die halbwegs warmen Speisen? Nichts leichter als das: Ziehen Sie sich einen weißen Kittel an. Basteln Sie sich ein Schildchen mit einer Anstecknadel, auf dem in großen Lettern das Wort Lebensmittelkontrolle prangt. Faseln Sie mit Ihrer Begleitung, die ebenfalls einen solchen Kittel trägt, etwas von Salmonellen, Nematoden und Listerien. Die Menschen an der Schlange werden Sie respektvoll durchlassen. Wenn Sie vorm Portal des Speiseraums angelangt sind, wahren Sie bis zur Öffnung des Restaurants einen möglichst skeptischen Gesichtsausdruck. Sehen Sie sich die Leute an und schütteln Sie bedenkenvoll den Kopf. Wenn die Türen geöffnet werden, lassen Sie sich Ihren Hunger keinesfalls anmerken und gehen Sie prüfend am Büffet entlang. Packen Sie sich den Teller voll und sagen Sie zu Ihrem Kollegen: »Alles o.k. hier! Keine Bedenken. Kein 2 CVX XII.« Setzen Sie sich an einen der hinteren Tische und genießen Sie Ihr Abendessen.

Warnung: Diesen Spaß sollten Sie sich nicht jeden Abend gönnen, da Ihnen irgendwann nicht einmal der unterbelichtetste Urlauber mehr abnimmt, dass Sie einem tödlichen Virus auf der Spur sind.

22:00 Uhr

Wie könnte es anders sein: Aufs üppige Abendbrot folgt der unvermeidliche Clubabend, bei dem Sie von hypermotivierten Animateuren gezwungen werden, an grauenvollen Inszenierungen mitzuwirken: Wet-T-Shirt-Contests, Schlagerabende und indiskutable Modenschauen. Spätestens wenn Lütkens Bettina auf der Bühne steht und Tina Turner imitiert, bekommt der Begriff des Fremdschämens für Sie eine nie da gewesene Dimension. Entweder Sie sind eine Rampensau, die nur darauf brennt, im abwegigen Kostüm und Rollschuhen Starlight-Express op Kölsch nachzuspielen, oder der Abend endet für Sie im Fiasko. Wie bereiten Sie sich trotzdem einen unvergesslichen Abend? Besserwisser werden nun sagen: »Erst gar nicht hingehen!« Aber ich kann Ihnen versichern, dann verpassen Sie eine großartige Chance. Mit ein wenig Fantasie können Sie nämlich gerade bei den Veranstaltungen puren Grauens großen Spaß haben. Sie brauchen dafür nur einen MP3-Player mit einem kleinen Lautsprecher und vier bis fünf Geräusche-CDs, die Sie zuvor auf das Gerät geladen haben. Mischen Sie sich damit unters Volk und lassen Sie sich alle zwanzig bis dreißig Sekunden ein beliebiges Geräusch einblenden. Donnerschlag, Zuggeräusche, Türenklappen, ein saftiger Kuhfurz, ganz egal. Reagieren Sie auf die jeweiligen Geräusche so, als wären sie real.

Stellen Sie sich also vor, im Wet-T-Shirt-Contest erklingt auf einmal sehr lautes Hundegebell. Schauen Sie mit ärgerlichem Gesichtsausdruck zu einer Seite der Bühne hinüber. Jeder der Gäste wird denken, irgendwo in der Nähe hätte jemand die Kontrolle über seinen Fiffi verloren.

Wenn sich auf der Bühne mal wieder jemand zum Obst macht und Balladen von Celine Dion in Grund und Boden singt, spielen Sie doch einfach mal Maschinengewehrsalven ein. Und springen erschrocken unter den nächsten Tisch. Sicher, das ist ein böser Scherz. Aber spätestens, wenn die Hälfte der Zuschauer unterm Tisch kauert, werden Sie großen Spaß haben. Lassen Sie sich nur nicht erwischen. Das gilt übrigens für alle Übungen und Spiele, die ich Ihnen in diesem Kapitel vorschlage. Und von mir haben Sie das nicht.

Versuchen Sie nun einmal, schnell auf einen Geräuschimpuls zu reagieren. Ich schleudere Ihnen gleich zwanzig verschiedene Geräusche entgegen. Schreiben Sie spontan und ohne zu überlegen auf, wie Sie sich verhalten würden, um andere Mitreisende glauben zu machen, dass das Geräusch real ist.

Zudem bekommen Sie einen Ort vorgegeben, wo Sie dieses Geräusch hören.

Ein kleines Beispiel, damit Ihnen das leichter fällt:

Das Geräusch: Quietschendes Auto.
Der Ort: Frühstücksraum!

Meine Reaktion: «Gott sei Dank», rufe ich. »Die Polizei!«

Erfahrungsgemäß werden die meisten Leute die Ohren gespitzt halten, um zu erfahren, warum die Polizei da ist. Einige Neugierige werden sich sicherlich sogar unter einem Vorwand hinausbegeben, um nichts zu verpassen.

Bereit für eigene Lautimpulse?
Hier kommen exklusiv Ihre zehn Geräusche.

1. In der Sauna
Ein Wecker tickt gleichmäßig

Ihre Reaktion:

_____

2. Am Strand
Eine Kaffeemaschine sprotzelt Kaffee vor sich hin

Ihre Reaktion:

_____

3. Am Büffet
Das schrille Aufjaulen einer Bohrmaschine

Ihre Reaktion:

_____

4. In einem Museum
Die Raketen eines Feuerwerks explodieren

Ihre Reaktion:

_____

5. An der Bushaltestelle
Eine Glocke bimmelt lang anhaltend

Ihre Reaktion:

_____

6. An der Bar
Das Krähen eines etwas heiseren Hahns

Ihre Reaktion:

_____

7. Im Speisesaal
Eine Toilettenspülung rauscht wie ein Wasserfall

Ihre Reaktion:

_____

8. Bei strahlendem Sonnenschein auf der Hotelterrasse
Donner grollt bedrohlich

Ihre Reaktion:

---

9. Im Bus
Ein Baby schreit sich die Lunge aus dem Leib

Ihre Reaktion:

---

10. Im Fitnessraum
Das Martinshorn heult auf

Ihre Reaktion:

Allein die Vorstellung dieser in der Realität gezündeten Geräusche ist reizvoll. Und Sie haben endlich etwas, das Sie auf die Postkarten nach Hause schreiben können. Lassen Sie Ihren Urlaub nicht wie die Poolreinigungsanlage vor sich hinplätschern, sondern machen Sie was draus. Der Urlaub ist kurz. Bevor es wieder in den Alltag zurückgeht, sollten Sie was erlebt haben für Ihr Geld!

B INDIVIDUALREISENDE

Wie, Sie erwarten jetzt, ich würde Ihnen Vorschläge machen, wie Sie Ihren Urlaub retten können? Sie sind doch so verdammt individuell, was wollen Sie denn von mir? Sie machen doch sowieso das, wozu Sie Lust haben. Gehen Sie mir also einfach aus der Sonne.

D STÄDTEBESUCHER

Ich kenne Sie. Ich weiß, wie Sie ticken. 17 Städte in drei Tagen. Es wird alles zugrundefotografiert, was jemals in irgendeinem Reiseführer Erwähnung gefunden hat. Sie machen Jagd auf Sehenswürdigkeiten. Sie traben im Pulk wie Pilger von einem Turm zur nächsten Kirche. Vom Geburtshaus einer berühmten Persönlichkeit zur Distillerie. Sie essen in überteuerten Touristen-Nepp-Imbissen einen Fingerhut voll Caesar's Salad für fünfzehn Dollar. Keine Aussichtsplattform ist sicher vor Ihnen und Ihren Oohhs und Aaahs! Haben Sie das nicht selbst satt? Ich will Sie ja nicht überreden, zum Cluburlaub überzulaufen. Wenn Sie Städteurlaub wollen, bitte. Aber man kann bei einer solchen Reise auch wirklich etwas erleben!

Auf den folgenden Seiten werde ich Ihnen als Beispiel einige Stadtpläne zeigen. Nehmen Sie einen Stift und kreuzen Sie einfach wahllos acht Punkte an. Dann suchen Sie sich einen realen Stadtplan im Internet (die wenigsten Menschen besitzen heute noch die gesammelten Innenstadtpläne der großen Metropolen, was ich persönlich sehr schade finde). Finden Sie heraus, was in der Nähe der von Ihnen bezeichneten Punkte liegt. Gestalten Sie spontan einen Tag, an dem Sie die von Ihnen selbst gesetzte Route ablaufen. Hauen Sie sich aber nicht selbst in die Pfanne, indem Sie »aus Versehen« in London den Tower, Shakespeare's Globe, Piccadilly Circus und die Royal Albert Hall markieren.

Suchen Sie sich bewusst Punkte, an denen allem Anschein nach nichts Sehenswürdiges zu finden ist. Lassen Sie sich spontan einen Tag lang auf das Abenteuer ein. Sie werden sehen, dass Sie die Stadt von einer ganz anderen Seite kennenlernen.

Ich habe dieses Spiel in Barcelona ausprobiert, und erinnere mich noch heute mit viel Vergnügen an diesen Tag. Am ersten Punkt auf dem Plan angekommen, fanden wir nur einen einfachen Platz vor. Da war nix außer einem Bistro. »Komm, das ist Punkt eins«, sagte ich zu dem Freund, mit dem ich die Reise machte. »Es muss hier doch irgendwas Tolles geben.« Und siehe da: Zwischen zwei Häusern war ein Schild, auf dem stand: *Museo de trains*. Wir dachten: »O.K.! Entweder wohnt hier die Muse einer Transe oder es ist ein Museum.« Es war ein Museum, wenn auch ein sehr kleines. Ein Mann hatte dort seine Miniatureisenbahnen ausgestellt. Er freute sich wie ein Schneekönig, dass endlich jemand vorbeikam. Mit Händen und Füßen verständigten wir uns, wobei die dabei entstandenen Missverständnisse mitunter für großes Gelächter sorgten.

Nach diesem ungewöhnlichen Museumsbesuch folgten wir unserer selbstgewählten Route von Kreuz zu Kreuz auf dem Stadtplan. Auf dem Weg aßen wir die leckerste Paella unseres Lebens, besuchten eine spanische Therme und spielten Boccia mit einer Seniorengruppe. Wir lernten die Stadt aus einer vollkommen anderen Perspektive kennen.

Wenn Sie's gleich mal ausprobieren wollen: Auf den folgenden Seiten finden Sie drei Stadtpläne von Prag, London und New York. Sie finden in allen drei Stadtplänen die Top-Klassiker der Sehenswürdigkeiten-Charts. Zusätzlich haben wir in jedem Plan weitere Punkte eingezeichnet, die nicht näher benannt sind. Kreuzen Sie fünf dieser Punkte an. Am Ende des Buches können Sie auf Seite 188/189 nachschlagen, welche spontane Tour Sie geplant haben.

Wenn Sie derzeit nicht vorhaben, in eine der drei vorgeschlagenen Städte zu reisen, können Sie diesen Urlaubstrick auch mit Ihrer eigenen Stadt ausprobieren. Ich verspreche Ihnen: Sie werden Ihre Stadt ganz neu kennenlernen. So habe ich übrigens herausgefunden, dass es in Köln ein Geschäft gibt, das nur Filzwaren führt, dass es Räume in den Pfeilern der Deutzer Brücke gibt, dass man Tapas-Bars in der Altstadt lieber meidet und dass eine gewisse Waldtraut Semmeling fünfzehn Jahre lang einen Kiosk in Porz betrieben hat. Sicherlich kein Wissen, um bei einer Prüfung mit Spezialwissen zu glänzen, aber ich werde jedenfalls nie bei Jauch sitzen und mich ärgern, dass ich kein Millionär werde, weil ich das mit der Brücke nicht weiß.

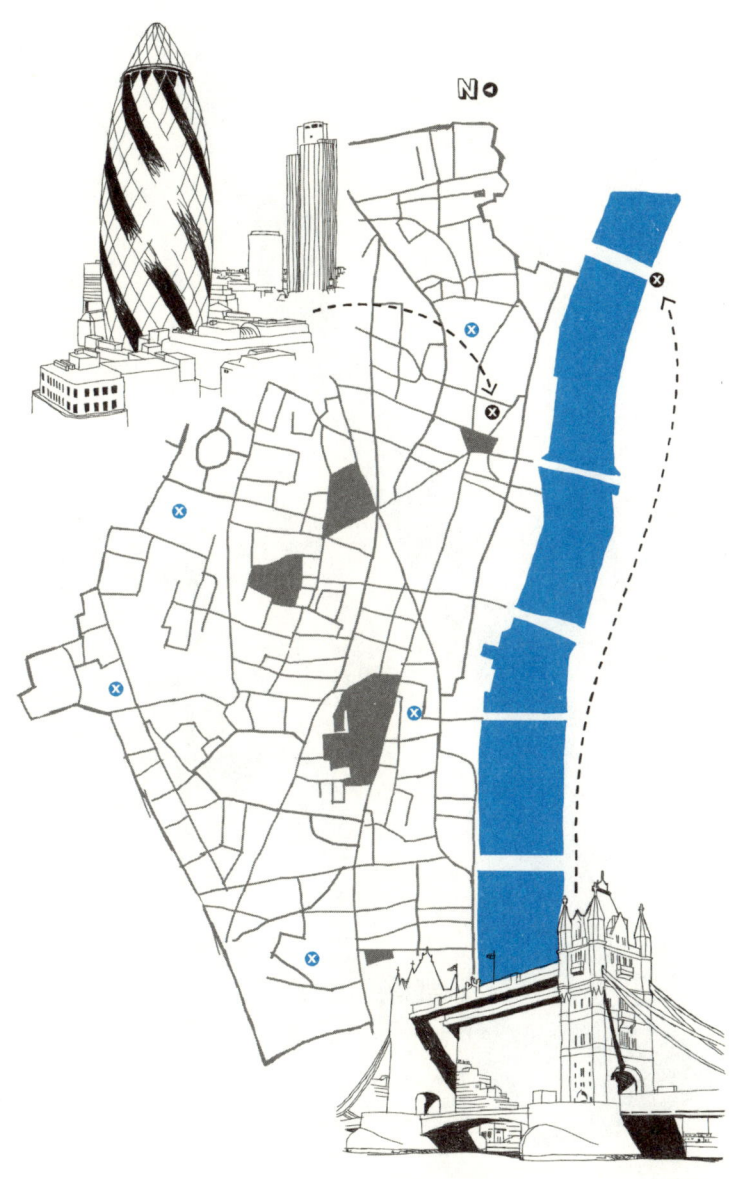

Wie auch immer Ihre Ausflüge nun in Zukunft aussehen werden – es gibt an sich nichts Lustvolleres als den Luxus, etwas
aus dem Bauch heraus spontan entscheiden zu dürfen. Und wo
sonst könnten Sie so etwas besser tun als im Urlaub? Egal, wie
der Stadtausflug wird, Sie werden die Stadt mit anderen Augen
sehen. Kein anderer Tourist wird Ihre Route je zurückgelegt und
die Stadt so erlebt haben wie Sie. Sie müssen nur die Augen
offen halten!

E BALKONIER

Ihnen ist Reisen nicht so wichtig. Das Einzige, was Sie spontan entscheiden möchten, ist, welches Würstchen zuerst den
Weg auf den Grill findet. Urlaub ist für Sie wie Freizeit, denn
Sie verbringen ihn am liebsten in der eigenen Stadt. Es tut mir
leid, aber Sie haben eigentlich im Urlaubskapitel nichts verloren. Dennoch sagt mir mein großes Herz, dass Ihnen geholfen
werden muss! Notfalls auch gegen Ihren Willen. Also habe ich
mir für Sie nun die folgende Übung überlegt. Und das Tolle ist,
Sie müssen dafür nicht einmal die geliebten eigenen vier Wände
verlassen. Denn für Sie kommt nur eins in Frage: Das *Rein-Raus-
Spiel*. Na, na, na. Nicht, was Sie jetzt wieder denken. Wir sind
hier in einem respektablen Publikumsverlag und nicht in der
Schmuddelecke.

Rein-Raus

Rein-Raus ist ein Spiel, das Tempo erfordert. Und es geht so:
Lassen Sie sich von Ihrem Spielpartner ein Wort geben. Das
war's. Sie brauchen weder Stift noch Zettel. Nix. Nur ein Wort.
Was Sie dann damit machen? Ganz einfach: Immer, wenn im
weiteren Verlauf des Abends in einem Gespräch jemand dieses

Wort erwähnt, müssen Sie den Raum verlassen. Aber Sie dürfen natürlich nicht einfach so gehen. Nein, Sie müssen Ihren Abgang begründen. Denken Sie sich was aus, egal was. Kehren Sie dann in den Raum zurück. Wenn Ihr Wort erneut fällt, müssen Sie einen anderen Grund finden, aus dem Raum zu gehen. Wie das aussehen könnte? Zeige ich Ihnen…

Peter D., seine Frau Rita und seine Tochter Marina haben es sich auf dem Balkon gemütlich gemacht. Peter bekommt das Wort *Gurke*. Rita bekommt den Begriff *Laterne* und Marina *Schiff*.

Peter: »Nee, was ist das schön! Endlich Ruhe hier auf dem Balkon!«

Rita: »Du sagst es, Peter. Marina, toll, dass du einen Abend mit Mama und Papa verbringst.«

Marina: »Kein Problem. Ich hab ja auch Spaß auf dem Balkon. Was gibt's zu essen?«

Rita: »Würstchen und Kartoffelsalat mit Ei und *Gurke*!«

Peter: »Dann hole ich doch mal die Dips aus dem Kühlschrank.« (Er steht auf und verlässt den Balkon.)

Rita: »Herrlich, hier zu sitzen. Diese Ruhe!«

Marina: »Gleich wird es dunkel. Soll ich die *Laterne* anmachen?«

Rita: »Gute Idee. Ich hol die gleich mal.« (Rita geht in die Wohnung.)

Peter: (tritt auf den Balkon) »Hier sind die Dips! Wunderbar.«

Rita: (kommt wieder) »So. Bin wieder da.«

Marina: »Mama, danke für die *Laterne*.«

Rita: (muss wieder raus) »Hast du den Fotoapparat gesehen, Peter? Es ist so eine Ruhe hier draußen, das muss man doch mal fotografieren!«

Peter: »Der liegt auf dem Küchentisch. Gut, dass du dran denkst, dann können wir Marina die Fotos vom *Schiff* zeigen.«

Marina: (muss raus) »Das wird bestimmt aufwühlend. Da gehe ich lieber vorher auf die Toilette.«

Diese aufwühlende Dokumentation eines Familienabends auf dem Balkon könnte sicherlich noch stundenlang so weitergehen. Vielleicht fragen Sie sich: »Was hat das denn mit Spontaneität zu tun? Was soll mir das bringen? Das ist doch lächerlich!« Keineswegs. *Rein-Raus* erfordert höchste Konzentration und absolute Schlagfertigkeit. Denn man muss mit einem Ohr immer bei den Mitspielern sein und gleichzeitig Ideen entwickeln, für den Fall, dass man rausgehen muss. Einmal, zweimal und auch noch dreimal Gründe zu finden, warum man gerade jetzt den Balkon (oder welchen Raum auch immer) verlässt, das geht ja noch. Aber beim siebten Mal könnte es sein, dass Sie ins Straucheln kommen. Das war bei meiner Beispielfamilie nicht anders. Ich schlüssele ihnen mal kurz die Argumentenlage auf:

Hier also die Gründe, warum Vater Peter den Balkon verließ, weil sein Wort gefallen war: Er holte Dips, er holte Brot, er wusch sich die Hände, er besorgte einen Besen, um die Reste von Gurke und Ei zusammenzukehren, er rief seine Mutter an, die bereits schlief, er zog sich um (warum auch immer, aber es war der erste Impuls), er parkte das Auto um, weil man es vom Balkon aus nicht sehen konnte, er hing die Wäsche auf (in dem Moment ärgerte er sich, dass ihm nichts Besseres eingefallen war), er sortierte Marinas DVDs, was ihn dreißig Minuten lang vom Essen abhielt, und er fuhr zum nächsten Kiosk und besorgte Lakritz, weil er angeblich nach der vielen Gurke Heißhunger darauf hatte.

Mutter Rita holte an diesem Abend eine Laterne, organisierte den Fotoapparat für die zauberhafte Ruhe vorm Balkon, stellte den Fernseher um, checkte kurz bei Google, ob es die Laterne noch irgendwo günstiger gegeben hätte, nähte einen Riss im Kleid zu, marinierte Fleisch für den Gurkensalat, meldete sich fürs Badmintonturnier an, weil ihr das auf dem Schiff immer so gut gefallen hatte, föhnte sich die Haare, weil ihr durch die steife Brise auf dem Balkon die Frisur durcheinandergeraten war, und ließ beim Tiernotdienst den Kater kastrieren.

Bei Marina spare ich mir diese Chronologie und sage nur, dass sie am Ende des Abends mit gepackten Koffern am Flughafen stand, um nach Gran Canaria zu fliegen.

Ich denke, dass die Besonderheit der Übung klar geworden ist: Je länger das Spiel läuft, desto absurder werden die Gründe, die Sie angeblich zwingen, den Raum zu verlassen. Für richtig Fortgeschrittene gibt es die harte Fassung des Spiels mit einer Zusatzregel: Man verlässt den Raum, wenn das Wort gesagt wird, darf aber erst wieder hineingehen, wenn der Begriff erneut fällt. Bei dieser Variante sollten Sie Gründe finden, die Sie nicht in die Weltgeschichte verschlagen, damit Sie in der Nähe bleiben können, um zu hören, wann Ihr Wort wieder fällt.

Noch ein paar Tipps: Bitte spielen Sie nicht mit mehr als fünf Leuten. Es läuft sonst unter Garantie aus dem Ruder.

Unfair ist es auch, wenn Sie sich im Freundeskreis gegen eine Person verbünden und deren Wort im Sekundentakt fallen lassen. Es ist sicherlich kein schöner Abend für jemanden, der im Türrahmen einen Drehwurm bekommt und kollabiert, nur weil er nicht schnell genug hinein oder hinaus gelangt. Wenn Sie diese kleinen Regeln beachten, werden Sie ganz neue Seiten am Balkonleben entdecken.

Wie Sie gesehen haben, ist Ihr Spontaneitätspegel vor allem dann gefährdet, wenn Sie Massentourist sind. Ich habe Sie mit Übungen gefüttert, wie Sie Ihren Urlaub lustiger oder spannender gestalten können. Wenn ich ehrlich sein soll, dann war's das. Da kommt nicht mehr viel zum Thema. Außerdem finde ich, dass Sie Ihren Urlaub gefälligst alleine planen sollten.[21][22][23][24][25]

[21] Lektorin: Das ist doch nicht Ihr Ernst!
[22] Autor: Und ob!
[23] Lektorin: Und warum, bitte?
[24] Autor: Weil ich es sage.
[25] Lektorin: Diva!

Jetzt mal ehrlich. Wenn Sie wirklich im Urlaub die ultimative Spontaneität erleben wollen, bleibt Ihnen nur eins übrig: Roulette-Urlaub, auch Last-Minute genannt.

Fahren Sie zum Flughafen und knallen Sie der Verkäuferin am Last-Minute-Schalter eine beliebige Summe auf den Tisch. Fordern Sie von ihr einen sofortigen Vorschlag für Ihr Urlaubsziel. Lassen Sie sich auf das Abenteuer ein – auch wenn das vielleicht bedeutet, dass Sie in der Arktis nur einen Bikini dabeihaben. Es hat etwas sehr Anarchisches, mit einer Wasserphobie einen Tauchurlaub zu machen. Probieren Sie es einfach aus. Es könnte himmlisch werden oder aber ... grauenhaft. Last-Minute bringt Sie vielleicht in den Genuss, kurzfristig den Nil rauf und runter zu schippern. Möglicherweise landen Sie aus Versehen im Harz oder an der finnischen Seenplatte. Kroatien, Slowenien, Albanien? Für Schnellentschlossene kein Problem.

Bei meinem letzten Last-Minute-Urlaub verschlug es mich in ein winziges Zwei-Sterne-Hotel in Villanueva de la Jara. Das klingt nicht nur klein und unbedeutend, das ist es auch. Das Zimmer war ein Albtraum mit vier Wänden. Ein perfektes Forschungsgebiet für das Robert-Koch-Institut. Es war so dreckig, dass dort selbst Kakerlaken die Böden gefegt hätten. Das Hotel lag an einer staubigen Piste und gerade mal 157 Kilometer vom Strand entfernt, aber durch glückliche Umstände direkt neben einer Baustelle. Ich hätte dort miserable sieben Tage verbringen oder gleich wieder abreisen können, aber ...

(Ja, jetzt kommt ein Aber!)

... aber in diesem Urlaub beschloss ich, ein Buch zu schreiben. Der Gedanke kam mir nach einem unglaublich wilden und spontanen Tag. Es war Tag zwei. Ich wurde um fünf Uhr von der spanischen Müllabfuhr geweckt. Sie kennen das sicher: Spanische Müllmänner arbeiten nicht nur still vor sich hin. Sie kommentieren jede ihrer Handlungen. Und das in einer Lautstärke, bei der der Müll vor lauter Schreck fast von ganz alleine in den Laster hüpft. Gut, dachte ich mir. Du bist wach, mach was aus dem Tag. Ich machte mich auf den Weg in die – wie nenne ich den fensterlosen Kellerraum mit schwacher Beleuchtung, in dem Essen in Kübeln dargeboten wurde? – Frühstückskammer, und sah auf dem Weg nach unten, dass die bettlägerige Mutter des Besitzers aus diesem Zimmer rausgeschoben wurde. Das durfte ja wohl nicht wahr sein! Der Inhaber ließ Oma in den Hotelräumen pennen. Ich war erschüttert. Ich hatte keine Lust, Croissants in dem Raum zu essen, in dem eben noch eine alte Dame beim Schnarchen die Krümel vom Vortag eingeatmet hatte. Also machte ich mich spontan auf, den Ort zu erkunden. Morgens um halb fünf. Und das in einem Ort, in dem es maximal drei Nachnamen gab.

Ich fand eine kleine Bodega, die schon (oder immer noch?) auf hatte. Ich frühstückte dort und kam mir vor wie in einem Road Movie. Da hatte ich die Idee, jeden Tag des Urlaubs in einem anderen Filmgenre zu gestalten, nur um irgendwie durchzuhalten. Ich hätte natürlich jederzeit nach Hause fahren können, wollte mir diese Niederlage jedoch selbst nicht eingestehen.

Und so war ich jeden Tag der Held in einem anderen Film. Für die Menschen in meiner Umgebung war das äußerst ungewöhnlich, aber da wir Deutsche in Spanien ohnehin für Kopfschütteln sorgen, dachte ich: Ist der Ruf erst ruiniert… Den dritten Tag verbrachte ich gleich als James Bond. Mein Bond-Girl war eine kleine gedrungene Marktfrau. In den Tagen darauf war ich Louis XIV., der Weiße Hai (im örtlichen Schwimmbad habe ich bis heute Hausverbot) und am vorletzten Tag Spiderman. Der Pastor des Dorfes konnte sich nicht erklären, warum ich auf dem Dach der Kirche rumkletterte. Am letzten Tag des Urlaubs beschloss ich, meine Erlebnisse aufzuschreiben, und schloss mich abends mit Oma im Frühstücksraum ein.

In dieser Bruchbude von Pension wurde also der Grundstein für das gelegt, was Sie gerade in Händen halten. Der desaströse Urlaub wurde so zur Geburtsstunde meines Autorendaseins. Ich spürte die Florence Nightingale in mir hochkommen: Ich sehnte mich danach, jedem Menschen, dessen Urlaub allzu stark von seiner Traumreise abwich, die rettende Hand zu reichen. Ich wollte allen Touris auf der ganzen Welt helfen, ihren Urlaub abwechslungsreicher zu gestalten.

Und darum sage ich Ihnen: Chaka! Sie können das! Sie müssen nur die Gegebenheiten für sich zu nutzen wissen. So können Sie etwas, das im ersten Augenblick negativ anmutet, ins positive Gegenteil verkehren. Was aber nicht heißen soll, dass Sie zu Kafkas Käfer mutieren sollen, sobald Ihr Urlaub droht, zu einer Katastrophe zu werden. Das Wichtigste ist, dass Sie aus jeder vermeintlichen Niederlage durch Spontaneität Kapital schlagen können.

Übertreiben Sie es also nicht. Üben Sie das Spiel mal entspannt in Ihrer Freizeit. Womit wir schon beim nächsten Thema wären.

KAPITEL VIER

**FREIZEIT ON THE ROCKS. WENN DER
LANGEWEILEVIRUS GRASSIERT, IMPFEN SIE SICH EINE
DOSIS SPONTANEITÄT, UND DAS KASSENFREI**

WIE VERBRINGE ICH MEINE FREIE ZEIT AM SINNVOLLSTEN?

Sollte man in seiner Freizeit lieber die Füße hochlegen oder spontan sein? Um dieser Frage nachzugehen, habe ich drei Interviews mit Betroffenen geführt. Interviews, die auf erschreckend ehrliche Weise zeigen, wie unglaublich öde freie Stunden verlaufen können. Es sind schonungslose Zeugnisse menschlichen Versagens. Das ist radikaler Journalismus im Dienste der Spontaneität.

Zuerst möchte ich die Geschichte von Jonas erzählen, denn sie führt uns die Eintönigkeit von Hantelsport und anderen, den Muskelaufbau fördernden Dingen schonungslos vor Augen.

Jonas Bach[26] will nicht erkannt werden. Deshalb habe ich sein Schriftbild verzerrt. Ihr kennt das ja. Menschen werden im Fernsehen interviewt. Dann sitzen sie hinter Milchglasscheiben und ihre Stimmen sind durch moderne Tontechnik verändert. Sie klingen wie eine Mischung aus Micky Maus und Franz-Josef Strauß. Ich musste aus Produktionsgründen bei diesem Buch auf Milchglasscheiben verzichten. Der Verlag wies mehrfach darauf hin, dass die Auslieferung des Buches durch das zusätzliche Gewicht erschwert würde. Doch die nun gewählte Methode der Verschleierung ist genauso wirkungsvoll: Statt der Stimme haben wir einfach die Schrift verändert. Das ursprünglich sechs-

---

[26] Der Name stimmt natürlich nicht. Das würde ja sonst überhaupt keinen Sinn ergeben.

stündige Interview habe ich auf das Wesentliche zusammenge-
kürzt; das gesamte Interview hätte 160 Seiten umfasst. Dadurch
hätte ich bei der Fertigstellung des gesamten Buches sicher eine
Menge Zeit sparen können, hätte aber bei Lesern, die kein Fai-
ble für Fitnesstraining haben, sicher spontane Schlafattacken
hervorgerufen. Seien Sie froh, dass Sie das alles nicht ertragen
müssen – ich musste es, und leide heute noch unter den Spätfol-
gen. Sie können hier bequem die zusammengedampfte Version
lesen:

**Interview zwischen Sascha K. und Fitness-Junkie Jonas B.,
unbekannter Ort, unbekannte Zeit**

Sascha: Hallo Jonas! Wie geht es dir?

Jonas: Na ja. Sascha, was soll ich sagen? Es geht. Schlecht. Langweilig. Mein Leben ist ein Trümmerfeld. Hiiiilfeeee!

Sascha: Das ist ja schlimm! Also der Reihe nach.

Jonas: Es fing damit an, dass ich früher mal ein ganz dickes Kind
war…

Sascha: Sorry, Jonas, wenn ich dich unterbreche, aber Kindererziehung behandele ich vielleicht in meinem nächsten Buch.
Wenn wir jetzt darüber reden, dann muss ich mir hinterher
zu viel aus den Fingern saugen.

Jonas: Das möchte ich nun auch nicht. Na, gut. Als meine Freundin mich verließ…

Sascha: Bing! Bing! Bing! Jonas, ich muss noch mal intervenieren.
Aber das Thema Partnerschaft wird in diesem Buch gesondert
besprochen.

Jonas: Worüber darf ich denn überhaupt noch zensurfrei reden?

Sascha: Na, na, na. Mal nicht patzig werden! Heute geht es um
das Thema Freizeit. Und du hast mir erzählt, dass deine Art,
den Feierabend zu gestalten, dich zunehmend langweilt.

Jonas: Stimmt. Also, folgendes Problem, Sascha.

Sascha: Ich bin ganz Ohr und die Leser ganz Auge.

Jonas: Was?

Sascha: Literaturgag. Kümmer dich nicht drum. Erzähl weiter.

Jonas: Ich gehe dreimal die Woche ins Fitnessstudio. Am Anfang war es noch topp. Aber inzwischen bin ich völlig neben der Spur, Sascha. Nachts träume ich manchmal, wie ich mit einem Stepper auf die anderen Sportler losgehe. Ich stelle mir sogar manchmal vor, dass ich einen dieser Fitnessheinis an einer Hantel festbinde und ihn zwinge, Rilke zu lesen. Was kann ich dagegen machen? Es ist immer dasselbe. So ein ●●●●●●[27]

Sascha: Was stört dich denn genau??

Jonas: Na ja, dass es immer gleich abläuft. Ich weiß, dass ich ein paar Kilo abnehmen sollte und dass dreimal pro Woche Fitness gut für mich sind. Aber diese Eintönigkeit macht mich wahnsinnig! Man sitzt dreißig Minuten auf dem Spinning-Rad, dann geht man für weitere dreißig Minuten auf den Stepper, anschließend weitere zwanzig Minuten aufs Laufband und dann an die Geräte wegen der Muskeln. Das Schlimmste ist, dass jeder mit sich selbst beschäftigt ist. Die sprechen gar nicht miteinander! Wie Testosteronlemminge laufen alle hintereinander her. Das ist so langweilig! Aber ich muss dass ja machen, wegen meiner Ex…

Sascha: Ich wiederhole mich ungern, Jonas, aber deine Ex gehört ins Kapitel Beziehungen.

Jonas: Das wünschte ich auch.

Sascha: Reden wir nicht weiter davon.

Jonas: Na, gut. Also zurück zu meinem Problem: Eigentlich treibe ich gerne Sport. Aber vielleicht müsste ich mich nicht dahinprügeln, wenn es ein wenig spannender und unterhaltsamer wäre.

---

[27] Piiiiiiiiep.

Das Gespräch zwischen Jonas und mir war natürlich, wie ich vorhin bereits andeutete, viel ausführlicher. Nach einer Weile stritten wir uns sogar heftig, weil er immer wieder auf seine Ex-Freundin zu sprechen kam. Die heftigsten Passagen dieser Auseinandersetzung findet ihr in den Outtakes am Ende des Buches. An dieser Stelle wollen wir den Mantel des Schweigens darüber breiten.

Angestrengt überlegte ich, wie ich Jonas helfen könnte. Sein Problem lag auf der Hand. Wie sollte er fit bleiben und Muskeln aufbauen, ohne sich zu Tode zu langweilen?

Umfragen ergaben, dass dies ein Problem vieler Menschen ist. Eine Freizeitbetätigung, die man in anfänglicher Euphorie sehr gerne betreibt, wird zum Quell der Langeweile: Ist man früher noch mit Freuden durch den Wald gejoggt und hat die Landschaft genossen (»Oh! Was für eine schöne Linde«), geht es einem irgendwann auf die Nerven (»Mist, ich bin erst an der Linde!«). Hier bietet die bunte Welt der Improvisation Abhilfe. Es gibt einen Spieleklassiker, der überall anzuwenden ist. Dieses Spiel heißt: Eviegemugbimeh. Das ist Fachsprache und bedeutet: *Eine Vase ist ein Glas, eine Mütze und ganz bestimmt irgendwann mal ein Hörgerät.*

EVIEGEMUGBIMEH

Nehmen Sie einen beliebigen Gegenstand in die Hand. Sagen wir, einen Tennisschläger. Ihre Aufgabe ist es nun, aus dem Tennisschläger etwas anderes zu machen. Obacht: Das Gerät bleibt, wie es ist! Sie sollen es weder auseinandernehmen, noch anmalen oder umbauen. Nehmen Sie es so, wie es ist, und lassen Sie Ihren Gedanken freien Lauf. Aus einem Tennisschläger kann werden:

Mikrofon _____

Handy _____

Bratpfanne _____

Handspiegel _____

Pfeife _____

Sie sehen: Es funktioniert! Wenn Sie einen Gegenstand nehmen und ihn einfach mal anders verwenden, kann Erstaunliches dabei herauskommen. Holen Sie nun für sich und alle Personen, derer Sie gerade habhaft werden können, ein paar beliebige Gegenstände aus dem Fundus Ihrer Wohnung und stellen Sie sie mitten auf den Tisch. Es kann alles sein, was Ihnen gerade unter die Finger kommt: Topf, Regenschirm, Teddybär, Omas Gebissdöschen … Dann geht es reihum. Jeder Teilnehmer Ihrer kleinen Spielrunde versucht, einem der Gegenstände, auf den Sie sich vorher geeinigt haben, eine neue Bedeutung zu geben. Diese wird kurz vorgeführt. Der Regenschirm wird zum Boot, zur Satellitenschüssel, zum Popcornbecher für Riesen. Für jede Bedeutung erhält die jeweilige Person einen Punkt.

Ich habe mal aus einem Paar Pantoffeln Ohrenwärmer gemacht. Ganz ehrlich: Es sah grotesk aus. Ein Kollege forderte mich heraus: Er wettete, dass ich mich so nicht auf den Weihnachtsmarkt trauen würde. Ich sagte: »Ich mache das nur, wenn wir uns alle mit Pantoffeln über den Ohren an den Glühweinstand stellen.« Und so kam es, dass wir zu sechst mit Puschen an den Ohren in der Kälte standen und Glühwein tranken. Dort sah uns ein echter Kölner und sagte zu seiner Frau: »Dat is ja ekelhaft! Diese Engländer haben escht keen Jeschmack!« Dies veranlasste uns dazu, die Konversation an diesem Abend weiter auf Englisch zu führen. So entsteht aus einer Idee eine neue.

Sobald Ihnen bei *Eviegemugbimeh* die Ideen ausgehen, wird ein neuer Gegenstand bestimmt. Und wie könnte es anders sein: Am Ende gewinnt die Person mit den meisten Punkten. Diese Person darf sich dann ihren Lieblingsgegenstand mitnehmen. Überdenken Sie als Gastgeber also zuvor die Idee, den Fernseher der Spielerunde zur Verfügung zu stellen. Sie werden sich wundern, welche Fantasie Sie nach einer Weile entwickeln. Manchmal ist eben mehr drin als draufsteht!

Als ich Jonas von diesem Spiel erzählte, war er anfangs skeptisch. Nach einiger Überredung und nachdem ich ernsthaft gedroht hatte, seine Tarnung auffliegen zu lassen, entschied er sich jedoch dafür, es einmal auszuprobieren.

Drei Wochen später traf ich ihn erneut. Auch diese Perle deutscher Interviewgeschichte möchte ich Ihnen keinesfalls vorenthalten.

Sascha: Hallo Jonas! Und, wie war's in der letzten Zeit beim Training?

Jonas: Die haben mich aus dem Studio geworfen!

Sascha: Warum denn das?!

Jonas: Also, es fing im Spinning-Kurs an. Ich dachte, ein Fahrrad ist ein Fahrrad – was soll ich da verändern? Die Form schien mir so festgelegt zu sein, dass mir nichts anderes übrig blieb, als mir dazu eine Geschichte auszudenken.

Sascha: Sehr gut. Was hast du dir vorgestellt?

Jonas: Ich war nicht mehr Jonas, der auf einem Spinning-Rad sinnlos ins Nirgendwo strampelt, sondern ein Teilnehmer der Tour de France. Auf einmal kam mir alles viel aufregender vor. Ich spürte sogar den Wind auf meinem Gesicht und hörte die Leute am Wegesrand jubeln.

Sascha: Prima!

Jonas: Sagst du. Die anderen Kursteilnehmer haben ganz schön blöde geguckt, als ich aufstand, um bei ihnen Dopingkontrollen durchzuführen. Ich habe sogar den Kursleiter vom Wettbewerb ausgeschlossen, weil er sich der Urinkontrolle verweigerte. Der meinte, ich sollte lieber in einen anderen Kurs wechseln.

Sascha: Das ist ja ganz schön übel!

Jonas: Und es wird noch schlimmer! Der Stepper wurde zum Treppenhaus. Ich wurde von Gangstern verfolgt und musste aufs Dach fliehen. Als der Trainer meinte, ich sollte auch mal Sidesteps machen, statt immer nur stur nach vorne zu steppen, habe ich ihn angeschrien: »Ich kann nicht! Die kriegen mich sonst! Mein Leben hängt davon ab!«

Sascha: Also Jonas, könnte es sein, dass du etwas übertrieben hast?

Jonas: Das ist noch nicht alles.

Sascha: Hatte ich befürchtet.

Jonas: Das Laufband wurde für mich zu einer Straße, die ich überqueren musste. Ich habe bei verschiedenen Leuten das Laufband abgestellt, damit ich gefahrlos auf die andere Straßenseite gelangen konnte.

Sascha: Jonas!

Jonas: Als Nächstes habe ich eine zweihundert Kilo schwere Hantel ausgerollt, weil ich mir vorstellte, sie wäre ein Teppich. Sie hat zwei Frauen an den Hacken erwischt. Ich habe mich dann in der Sauna versteckt, die für mich zu einem Vulkan wurde. Als der Mann mit dem Aufguss kam, rannte ich raus und rief laut: »Er bricht aus! Er bricht aus!«

Sascha: ...

Jonas: Sprachlos, was?

Sascha: Schon ein wenig. Hätte es für den Anfang nicht genügt, eine einzige Sache zu verändern?

Jonas: Klar. Aber alles halb so schlimm. Hat mir so viel Spaß gemacht, dass mir das Hausverbot im Fitnessstudio ganz egal ist. Diese hochnäsigen Vollidioten! Ich habe inzwischen ein Studio entdeckt, das ganz anders ist. Und ich stelle mir jeden Tag etwas Neues vor. Irgendwas Kleines, das meine Routine verändert. Ich hab mich seitdem keine Minute gelangweilt!

Sascha: Toll, danke für das Gespräch Jonas!

Damit Sie ebenfalls in den Genuss von Jonas' abwechslungsreicher Freizeitunterhaltung kommen, habe ich eine Aufgabe für Sie. Es ist ein Spontaneitäts- und Originalitätstest. Nun müssen Sie aber nicht bibbernd vor dem Buch sitzen und befürchten, dass Ihnen nichts einfällt. Ich zeige Ihnen vier Bilder. Sie haben jeweils eine

Minute Zeit, dem gezeigten Gegenstand eine andere Funktion zuzuordnen. Schreiben Sie diese einfach unter das Bild. Wenn es Ihnen gelingt, innerhalb von einer Minute zehn schlüssige Ideen zu entwickeln, was der Gegenstand noch sein könnte, dann ist das ausgezeichnet!

Bitte verinnerlichen Sie folgenden Grundsatz: Die erste Idee, die Ihnen kommt, ist immer die richtige! Die Gesetze der Logik spielen keine Rolle. Lassen Sie das Bild zu, das in Ihrem Kopf entsteht. Sollten Sie in einer Minute zu dem gezeigten Gegenstand nur zwei Ideen haben, dann ist das auch gut. Es ist zumindest ein Grundstock, auf den Sie aufbauen können. Beim nächsten Bild kommen Ihnen dann vielleicht drei oder vier flotte Gedanken.

Bei meinem ersten Improvisationsworkshop gab mir der Lehrer einen Stuhl und sagte, ich sollte so viele Verwendungen dafür finden, wie ich nur konnte. Der Rest der Teilnehmer saß im Kreis um mich herum und schaute zu. Ich setzte mich so sehr unter Druck, den anderen zu gefallen, dass mir in einer Minute nur eine Möglichkeit einfiel: ein Klo. Damit hätte ich auf einem Fest für originelle Ideen sicherlich keinen Blumentopf gewonnen und bei Dieter Bohlen hätte es im Leben nicht für einen Recall gereicht. Ich war frustriert. Nur ein Klo! Der Dozent bemerkte meine Unzufriedenheit und nahm mich zur Seite. Er wies mich an, nicht darüber nachzudenken, wie die anderen Kursteilnehmer meine Ideen fänden, sondern wie zufrieden ich selbst mit dem Ergebnis sei. Dann reichte er mir eine Heizungsbürste. Eines dieser langen Dinger, mit denen man in jede Ritze kommt. Damit gelangen mir drei Sachen: Zuerst war die Bürste die Augenbrauen von Theo Waigl, dann ein unerforschtes Tier namens Millionenfüßler und am Ende ein anämisches Wollknäuel. Meine Laune steigerte sich. Ich übte zu Hause. Nach einer Weile gelang es mir tatsächlich, für einen Gegenstand zehn Ideen zu finden. Also machen Sie sich keinen Stress. Das wird schon. Wenn Sie heute nur jeweils vier Gebrauchsveränderungen schaffen, egal. Wenn es nicht witzig ist, auch wurscht. Wenn aus einer Kaffeemaschine ein Raumschiff wird, dann ist das halt so. Danach können Sie immer noch entscheiden, ob es ein Raumschiff für sehr, sehr kleine Menschen ist. Oder ein Raumschiff, das ferngesteuert Kaffee in die Galaxie bringt. Es geht nur darum, Ihre Fantasie zu fördern und zum Kochen zu bringen.

Fertig? Dann Bühne frei für Ihre Gegenstände!

Was könnte das noch sein? Sie haben genau eine Minute Zeit!

1 _____

(*Kreativitätszwerg*)

2 _____

(*Schon besser*)

3 _____

(*So langsam kommen Sie in Fahrt!*)

4 _____

(*Ein ganz ordentlicher, wenn auch durchschnittlicher Erfolg*)

5 _____

(*Ja, nicht aufgeben!*)

6 _____

(Gut!)

7 _____

(Wow!)

8 _____

(Bundesliga)

9 _____

(Wie, Sie haben keine neunte Verwendung gefunden?)

10 _____

(Die reine Wucht! Versuchen Sie es sofort mit einem schwierigeren Gegenstand, zum Beispiel einer Zeckenzange!)

Was könnte das hier noch sein, außer einer hässlichen Achtziger-Jahre-Lampe?

1 _____

(Wie, nur einen?!)

2 _____

(Geht doch.)

3 _____

(Haben Sie ein Problem mit der Zahl vier?)

4 _____

(Vier gewinnt. Aber nur den Trostpreis ...)

5 _____

(Ganz o.k., aber verbesserungsfähig.)

6 _____

(Besser als nix.)

7 _____

(Ja, schon ganz gut.)

8 _____

(Toll. Und nächstes Mal schaffen Sie neun.)

9 _____

(Cool!)

10 _____

(Mehr ging wohl nicht ...)

Aus dieser Schale könnte ein Hut werden. Spülen Sie sie, bevor morgen das Müsli Ihrer Frau reinkommt. Und was könnte die Schale noch sein?

1 _____

(Also, so langsam muss ich Sie wegen Fantasielosigkeit ausschließen.)

2 _____

(Na, wird doch!)

3 _____

(Auf drei Beinen kann man nicht stehen.)

4 _____

(Gutes Mittelmaß.)

5 _____

(Besser als gutes Mittelmaß.)

6 _____

(Nicht schlecht!)

7 _____

(Alle Achtung!)

8 _____

(Geben Sie das nächste Mal noch ein bisschen mehr Gas, dann gehören Sie zu den Besten!)

9 _____

(Hervorragend!)

10 _____

(Spitzenklasse! Streben Sie an, das beruflich zu machen?)

Letztes Bild!
Konzentration!!!

Ein Regenschirm. Kaum ein Mensch kann ohne ihn. Aber er kann ohne uns – und zwar Folgendes sein...

1 _____

(Langsam reicht's mir. Das machen Sie extra, oder?)

2 _____

(Na, also.)

3 _____

(Drei hätte auch meine Oma geschafft.)

4 _____

(In Schulnoten? Eine Drei minus.)

5 _____

(*Mit Sternchen.*)

6 _____

(*Sie kriegen Fleißpunkte!*)

7 _____

(*Super!*)

8 _____

(*Sie sind gut, sehr gut.*)

9 _____

(*Ist es nicht schlimm, wenn einem immer ein Punkt fehlt?*)

10 _____

(*Trommelwirbel!*)

Das haben Sie bravourös gemeistert, muss ich schon sagen. Sie dürfen *Eviegemugbimeh* spielen, wann immer Sie lustig sind. Spielen Sie mit einem guten Freund oder mit Ihrem Schatz und versuchen Sie, diesen mit Ihrer Fantasie zu übertrumpfen. Und zwar jederzeit und an jedem Ort! Selbst im Hallenbad können Sie Gegenstände verändern. Am Anfang ist sicher noch eine gewisse Scheu vorhanden, sich lächerlich zu machen, aber im Grunde sollte Sie das nicht kümmern, denn Sie sind ja eh halb nackt. Wenn Sie Ihre falsche Scham überwunden haben, werden Sie feststellen, dass Sie sich selten so amüsiert haben. Tipp: Greifen Sie sich als Erstes die Schwimmhilfen!

Dieses Spiel habe ich einmal auf der Bühne gespielt. Es war ein klitzekleines Theater irgendwo im Schwäbischen. Es war eine dieser Mix-Shows (das ist neudeutsch für: viele Künstler, wenig

Geld). Ich war dort mit zwei Kollegen. Einer trug den klangvollen Namen Alexis, vermutlich, weil seine Eltern aus Griechenland stammen. Möglicherweise hatte der Zeugungsakt an der Akropolis stattgefunden, unter strahlend blauem Himmel, nach etwa 400 Jahren türkischer Fremdherrschaft und einem Picknick mit Fetafladenbrot und Oliven – aber ich schweife ab. Der andere hieß ganz einfach Michael. Er war ein großer Udo Jürgens Fan, und die Umstände seiner Zeugung sind unbestimmt. Vor uns trat eine Chansonnette auf, die Weltverbesserungslieder trällerte und sich selbst auf dem Xylophon begleitete. Im Anschluss zwang der Moderator das Publikum, schlimme Zaubertricks über sich ergehen zu lassen. Dann waren Alexis, Michael und ich dran. Als wir die Bühne betraten, war der Applaus ungefähr so enthusiastisch, als würde Roberto Blanco auf einer Jugendveranstaltung für Tokio Hotel einspringen. Wir waren die Charles Lindberghs des Spaßes und wollten den Atlantik der Antipathie überfliegen. Dazu spielten wir das Spiel *Eviegemugbimeh*. Unsere Gegenstände waren ein Hocker, eine Jacke, ein Kochtopf, ein Staubsauger und eine Wärmflasche. Alexis galoppierte, den Staubsauger zwischen den Beinen, auf die Bühne. Das sah zwar selten blöd aus, aber nach wenigen Sekunden war auch für den Letzten im Saal klar: Der Staubsauger *ist* ein Pferd. Michael legte die Jacke auf den Boden und setzte sich davor. Der Reiter nahte, und der Mann an der Jacke rief ihm zu: »Hey, Reiter. Euer Pferd ist doch sicher durstig. Kommt und setzt euch zu mir an den See.« Er wies auf die Jacke. Also machte der Reiter Rast und ließ den Staubsauger trinken. Der Reiter beklagte sich darüber, vom Weg abgekommen zu sein. Ich spielte einen Wanderer und konnte ihm helfen, da ich ja die Wärmflasche dabeihatte. Die Wärmflasche wurde zur Landkarte. Der Reiter bedankte sich und ritt seines Weges. Als Dank für die Hilfe schenkte er uns den Topf – eine wunderschöne und wertvolle Uhr. Wir bedankten uns, setzten uns an den See und lauschten dem sanften Ticken der Uhr, während der Kollege davonritt. Die Szene dauerte gerade mal eine

Minute, aus dem Publikum kamen viele Zurufe und lautes Gelächter. Wir waren überrascht, dass wir die eher ungnädig gestimmten Zuschauer so schnell auf unsere Seite ziehen konnten. Unter diesen Zuschauern saß auch Kathrin P. Nach der Show lernte ich sie kennen, und sie vertraute sich mir nach einigen Gläsern Rotwein an.

Kathrin hatte eine ganz besondere Leidenschaft: Spannungslektüre. Sie las jedes Buch, in dem gemordet, betrogen, entführt, geraubt und verheimlicht wurde. Sie war eine echte Verbrechensexpertin. Es war alles in bester blutrünstiger Ordnung, bis ihr eines Tages etwas Schreckliches widerfuhr: Kathrin bekam eine Leseblockade. Sie konnte fortan kein Buch mehr genießen.

Ich nutzte ihre emotionale Fragilität schamlos aus, um sie zu befragen.[28]

Sascha: Hallo Kathrin! Wie geht es dir?
Kathrin: Die Hölle! Mein Job gefällt mir, aber bisher freute ich mich trotzdem immer auf den Feierabend, um mich in der Welt der Bücher zu verlieren. Aber in letzter Zeit ist alles anders!
Sascha: Wie meinst du das?[29]
Kathrin: Bisher fand ich vor allem Serienkiller-Thriller absolut aufregend. Mir gefallen die Szenen, in denen der Killer sein Opfer ausweidet oder der Held unter dem psychologischen Druck zusammenbricht. Ich liebte es, wenn eine Verfolgungsjagd begann und wenn angeschossene Unschuldige mit letzter Kraft fliehen mussten. Das alles hat mich so entspannt! Versteh mich bitte nicht falsch. Ich habe keinen irren Fetisch und ich bin auch nicht verrückt.

---

[28] Sie weiß bis heute nicht, dass ich heimlich mitschnitt.
[29] An dieser Stelle griff ich heimlich in meine Tasche und schaltete mein Diktaphon ein. Die vorangegangene Begrüßung habe ich mir im Nachhinein aus Erinnerungsfetzen zusammengereimt.

Sascha: Natürlich nicht. Fahr fort! Könntest du ein wenig lauter sprechen? Ich verstehe dich heute so schlecht.

Kathrin: Wie dem auch sei! Eines Tages ertappte ich mich dabei, dass ich der Geschichte nicht mehr folgen konnte und nur noch lustlos vor mich hinblätterte. Ich las zwar, was da stand, aber es berührte mich nicht. Ich hatte das Gefühl, dass es schrecklich voraussehbar war, wie es weitergehen würde, und mich störte auf einmal, dass die Geschichte ihren Lauf ging, ohne dass ich etwas dazu beitragen konnte.

Sascha: Hast du versucht, etwas gegen dein Unlustgefühl zu unternehmen?

Kathrin: Ich holte mir ein anderes Buch aus dem Regal. Eins, das ich auch noch nicht kannte.

Sascha: Und dann?

Kathrin: Es war genau dasselbe. Schon nach kurzer Zeit ahnte ich, wie die Geschichte enden würde! Ein Trauerspiel!

Sascha: Ich fürchte, du musst dich am eigenen Schopf aus diesem Tief holen. Aber ich kann dir einen guten Tipp geben, was dir dabei helfen könnte.

Ich erklärte ihr mein Geheimrezept für Fantasie. Und siehe da: Nach zwei Wochen legte sich ihre Unlust, und Kathrin war wieder dieselbe liebenswerte und blutdürstige Frau wie zuvor.

Die Geschichte von Danny W. und seiner aufwendigen Kocherei für Gäste, die meistens darüber moppern oder permanent nachsalzen

Ein lieber und sehr enger Freund von mir, der Danny, hatte ein Riesenproblem. Er kocht gerne ...

Was? Sie wollen wissen, wie Kathrin die Liebe für Schlachtplatten zwischen zwei Buchdeckeln zurückgewonnen hat und was der Geheimtrick für mehr Laune am Lesen ist? Gut, dass Sie fragen, denn sonst wäre ich wahrscheinlich einfach darüber hinweggegangen.

Ich habe Kathrin damals vorgeschlagen, nach jedem Kapitel eine Pause einzulegen, das Buch kurz zuzuklappen und sich zu überlegen, wie die Geschichte ihrer Meinung nach weitergehen könnte. Am besten sollte sie kurz aufschreiben, wie sie sich die nächsten Schritte der Handlung vorstellte und was sie selbst spannend, grotesk oder witzig fände. Dann sollte sie das Buch wieder an der gleichen Stelle aufschlagen und den Fortgang der Handlung mit ihren Ideen vergleichen. Das hatte folgenden Effekt: Zum einen war sie stolz auf sich, wenn sie recht hatte, weil sie mit dem Autor oder der Autorin auf Augenhöhe war. Wenn sie danebenlag, dann war sie vom weiteren Verlauf der Geschichte überrascht, weil sie sich auf etwas anderes eingestellt hatte.

Versuchen Sie es selbst mal. Nehmen Sie sich ein Buch und lesen Sie das erste Kapitel. Nein, nicht dieses hier, sondern irgendeinen Roman. Dann legen Sie den Wälzer weg und überlegen sich, wie Sie das Buch weiterschreiben würden, wenn Sie der Autor wären. Was soll Ihrer Ansicht nach passieren? Sie werden sehen, Sie lesen sofort viel intensiver. Ein positiver Nebeneffekt für Partygespräche über das betreffende Werk: Sie werden viel mehr von der Handlung behalten.

Keiner wird je von Ihrer Parallelgeschichte erfahren. Haben Sie also keine Angst, nicht spontan genug zu sein, um die Geschichte selbst voranzutreiben. Lesen Sie ein Kapitel und schreiben Sie etwas dazu. Ihre eigene Fortsetzung. Fanfiction nennt das der Angloamerikaner. Unabhängig davon, wie viel Sie geschrieben haben: Was dann vor Ihnen liegt, haben Sie selbst entstehen lassen. Nur Sie. Das Einzige, was Sie dabei beachten müssen, ist: Machen Sie sich locker im Kopf.

Damit Sie einen leichteren Einstieg ins Entwickeln von Geschichten finden, schreibe ich Ihnen nun spontan eine Verzweigungsgeschichte. Diese fängt mit einem Grundhandlungsgerüst an. Danach müssen Sie nicht aufschreiben, wie es weitergeht, sondern nur aus mehreren Möglichkeiten auswählen. So können Sie praktisch erfahren, wie es sich anfühlt, eine Geschichte zu steuern. Gehen Sie intuitiv Ihren ganz persönlichen Weg durch meine Story. Sie entscheiden, wie es weitergeht.

Der Titel meiner Geschichte ist:

DER GOLDENE SCHUH[30]

1.

Es war ein eiskalter Novembermorgen, als Hannes erwachte. Er öffnete die Augen und starrte an die Decke. Es war die erste Nacht, die er in seinem neuen Haus verbracht hatte. Er hatte es von dem Geld erworben, das ihm seine Eltern hinterlassen hatten. Während er wach im Bett lag, dachte er an die Dinge, die er im Laufe des Tages erledigen wollte. Da klopfte es an seine Zimmertür.

Wie soll es weitergehen? Gruselig? Dann lesen Sie weiter bei 2. Romantisch? Dann auf zur 3! Historisch? Dann springen Sie zur 4.

2.

Voller Angst stand Hannes auf. Wer konnte das nur sein? Wie war es jemandem gelungen, ins Haus einzudringen? Nachdem seine Eltern im vorigen Sommer brutal niedergemetzelt worden waren, hatte sich sein Leben jäh verändert. Er hatte das Gefühl, ständig beobachtet zu werden. Damit ihn niemand bedrängte, war er in das Haus am Ende der Straße gezogen. Das alte Haus

---

[30] Kleiner Tipp, falls Sie selbst mal eine Verzweigungsgeschichte schreiben wollen: Der Titel sollte möglichst neutral gehalten werden, damit Sie bessere Möglichkeiten haben, die Handlung in verschiedene Richtungen zu treiben. Einen Titel wie »Die Nacht der lebenden blutdurstigen Leichen« zu wählen, ist zwar reißerisch, lässt Ihnen aber wenig Spielraum für die Fortsetzung der Handlung.

lag gegenüber vom Friedhof, denn Hannes wollte in Ruhe gelassen werden. Er wollte allein sein. Doch nun war genau das Gegenteil der Fall. Er ging langsam auf die Tür zu. Jeder seiner Schritte hallte auf dem kalten Steinboden wider.

Er rief: »Hallo? Wer ist denn da?«

Keine Antwort.

Als er vor der Tür stand, beugte er sich vor, um durch das Schlüsselloch zu schauen. Was er dort sah, ließ ihm das Blut in den Adern gefrieren.

Wie geht es weiter? Spannend? Dann gehe zu 5. Traurig? Dann geht zu 6.

3.

Hannes Herz pochte heftig. Das musste Claudia sein. Er hatte sie vorige Woche kennengelernt. Was für eine Frau! Wie er selbst hatte auch sie ihre Eltern bei einem Autounfall verloren, und als er sie in der Trauergruppe gesehen hatte, war es um ihn geschehen gewesen. Ihre offene Art faszinierte ihn. Immer, wenn er einschlief, dachte er an ihre seidigen blonden Haare und ihre strahlenden Augen, deren Blau ihn so bezauberte, dass er alles um sich herum vergaß. Wie es der Zufall wollte, wohnte sie im Haus gegenüber. Da Hannes manchmal mehrere Tage verreist war, hatte er ihr einen Haustürschlüssel nachmachen lassen. So konnte sie sich während seiner Abwesenheit um seinen geliebten Hund Blacky kümmern. Heute wollten sie einen gemeinsamen Spaziergang machen. Er sprang voller Elan aus dem Bett und schritt zur Tür. Als er sie schwungvoll öffnete, stand sie vor ihm: Claudia.

Weiter als Sozialdrama bei 7. Als Märchen bei 8. Als Tragödie bei 9.

4.

Hannes rief laut: »Herein!« Die große Eichentür öffnete sich langsam. Seine Hand griff instinktiv zum Schwert, das griffbereit an seinem Bett lag. Die Leibgarde des Kaisers betrat das Schlafzimmer. Er hatte den Soldaten des Kaisers auf ihrer Reise in die

124

Hauptstadt Unterschlupf gewährt. Der Hauptmann trat vor und musterte Hannes. »Ich habe eine Nachricht seiner Hoheit des Kaisers für euch«, sagte er.

Weiter in Reimen bei 10 und als Fantasy bei 11.

5.

Ein Messer jagte direkt durchs Schlüsselloch. Hannes konnte gerade noch rechtzeitig zurückspringen, bevor die Klinge sein Auge in zwei Teile gespaltet hätte. Er schaute sich im Raum um. Es gab nichts, womit er sich hätte schützen können. In seiner Not zerschlug er einen Spiegel und griff sich eine große Scherbe, um sie als Waffe zu nutzen. Wer zur Hölle griff ihn auf diese Weise an? Hannes schaute aus dem kleinen Fenster auf den Friedhof. Er traute seinen Augen nicht. Die Gräber waren geöffnet worden und leer. Konnte das sein? Standen Untote vor seiner Tür? In diesem Moment wurde die Tür eingeschlagen und fiel mit einem donnernden Geräusch zu Boden.

Gutes Ende bei 12 und blutiges Ende bei 13.

6.

Es war seine Schwester Christiane. Sie stand mit einem Koffer vor seiner Tür und schien direkt aus Australien zu kommen. Seit Jahren hatten sie sich nicht gesehen. Christiane hatte sich damals mit ihren Eltern überworfen und war Hals über Kopf nach Perth abgereist. Sie hatte dort geheiratet und jeden Kontakt zu ihrer alten Heimat abgebrochen. Nachdem die Eltern verstorben waren, hatte Hannes ihr die Nachricht in einem Brief mitgeteilt. Er hätte nie gedacht, dass sie wieder heimkäme. Wortlos fiel er ihr um den Hals. Tränen rannen über seine Wangen, und auch sie weinte bitterlich. Dann sagte sie mit zittriger Stimme: »Die Haustür war offen, da bin ich einfach reingekommen! Warte, bevor du etwas sagst – ich habe etwas für dich!«

Wollen Sie ein Ende als Quiz? Dann weiter bei 14. Unter Punkt 15 lesen Sie das Ende als Sendung auf dem Shoppingkanal.

7.

Sie war wieder einmal betrunken. Sie stank wie eine dieser schmierigen Spelunken unten am Hafen, wo sie sich nachts als Nutte den ein oder anderen Euro dazuverdiente. Hannes war enttäuscht. Was für eine verkorkste Welt! Wie hatte es so weit kommen können? Es war nicht immer so gewesen, aber Claudia war alleinerziehende Mutter von Zwillingen, und Arbeitslosigkeit und der Schuldenberg ihrer Eltern hatten sie an den Rand der Gesellschaft gedrängt. Als Claudia den Mund öffnete, bemerkte er, dass ihr Atem nach Wodka roch. »Hallo Hannes«, lallte sie. »Ich habe deinen Hund Blacky verkauft!«

Ende als emanzipierte Frauenliteratur: 16. Für ein Ende wie aus der Bibel weiter bei 17.

8.

Sie war schön wie eh und je. Ihr güldenes Haar schimmerte im Glanz der Sonne. Sie betrat Hannes' Schlafzimmer, und er bemerkte, dass auf ihrer Schulter ein Kaninchen saß. Das Kaninchen hieß Herr Balthasar. Es trug einen riesigen Schlapphut. Herr Balthasar schaute Hannes aus seinen weisen Augen an und sprach: »Hannes, du lieber Hannes! Du tüchtiger Mann. Du hast einen Wunsch frei!« Und Hannes wusste ganz genau, was er wollte.

Ende als Kochshow bei 18, Ende als erotische Literatur bei 19.

9.

Claudias Miene war wie versteinert. »Oh Graus«, sprach sie. »Oh Graus!«

»Was ist euch geschehen, mein Herz?«, fragte Hannes erschüttert. »Du siehst aus, als sei dir der Teufel höchstpersönlich begegnet!«

Tränen liefen über ihre Wangen. »Hannes! Ich fand unter der Diele in der Musikkammer einen Brief meiner Mutter.«

»Gott sei ihrer Seele gnädig«, hauchte Hannes und bekreuzigte sich fromm.

»So hör mir doch zu!«, rief sie. »In diesem Brief schreibt sie, dass ich nicht das einzige Kind meiner Eltern sei. Es gab noch einen Jungen!«

Hannes erschrak. »Ach du Schreck!«, brachte er bebend hervor.

»Oh Liebster, es geht noch weiter! Dieses Kind – dieser Junge – wuchs auf dem Land auf. Im fernen Lothringen. Bei einer befreundeten Familie. Dem Schmied von Walthershagen!«

»Welch gramvolle Worte dringen durch deine süße Zunge an mein Ohr! Der Schmied von Walthershagen war doch mein Ziehvater. Oh Claudia, das bedeutet, dass wir von gleichem Blut sind.«

»Ja, mein Geliebter, so ist es. Wir dürfen uns nicht mehr begehren! Uns bleibt nur eines …«

Ende als Büttenrede bei 20 und Ende im Mario-Barth-Stil bei 21.

10.

Du hast die volle Kraft des Mannes.
Ja, es geht um dich, mein Hannes.
Der Kaiser ist von dir entzückt.
Von deiner Gastlichkeit beglückt.
Du hast uns Unterschlupf gewährt.
Das hat den Kaiser wohl gelehrt.
Gib Kraft dem kleinen Mann im Staat,
dann steht er für dich stets parat.
Es klingt ja wirklich sehr banal:
Liebst du dein Volk, bleibt es loyal.
Als Dank für deine Freundlichkeit,
bekommst du eine Kleinigkeit.
Ich weiß, du hast dies stets gewollt!
Den linken Schuh aus purem Gold.
Gereicht wird dieses Stück dir morgen.
Doch schon ab heute lass die Sorgen.

Epilog bei 22.

11.

»Du sollst zum Berg der Verdammnis gehen. Dieser Berg liegt in Anthil al Burdas. Suche dort Zwerg Fallbart den Großen, Uladors Sohn, auf. Reiche ihm diesen Pfeil. Der Pfeil hat Generationen überdauert und stammt aus dem Unterkrieg des vorderen Westen. Er besitzt erstaunliche Kräfte. Schon die Elben aus Manarin D'thringittir schätzten seine uralte, archaische Macht. Wenn du diesen Pfeil übergibst, werden du und die Deinen für immer frei sein.«

Hannes vom Volk der Weißlinge tat, wie ihm geheißen. Seine Reise währte drei Winter. Und als er nach erfolgreicher Mission heimkehrte, bekam er vom Hochkaiser des westlichen Waldes an der grünen Aue ein wertvolles Geschenk. Einen goldenen Schuh. Es war der schönste Schuh, den er je gesehen hatte. Zufrieden betrachtete er die hochkaiserliche Gabe.

Epilog bei 22.

12.

Es war der Friedhofswärter Günther. Günther war außer sich vor Wut. »Schau dir das an, Hannes! Irgendwelche Jugendlichen haben die Gräber zerstört. Sie haben alle Särge aus der Erde geholt und übereinandergestapelt. Wer macht denn so etwas?«

»Keine Ahnung, Günther!«, erwiderte Hannes. »Wie bist du ins Haus gekommen?«

Der Friedhofswärter runzelte die Stirn. »Hannes, es tut mir leid, aber die Verrückten haben dir auch deine Tür geklaut!«

»Dieses diebische Gesindel! Kann ich etwas für dich tun?«

»Sehr gerne«, sagte Günther. »Kannst du mir helfen, die Gräber wieder zuzuschaufeln?«

»Natürlich.« Hannes nickte ernsthaft. »Ich will ja nicht, dass du Ärger bekommst.«

Und so gingen Günther und Hannes an diesem Novembermorgen zum Friedhof. Sie trugen alle Särge zurück an ihren Platz. Hannes arbeitete, bis zur völligen Erschöpfung. Am letzten Grab angekommen blinkte etwas in der Novembersonne, die gerade ihre ersten Strahlen zur Erde sandte. Es war ein goldener Schuh. »Günther!«, rief er aufgeregt. »Günther, sieh nur! Ich habe einen goldenen Schuh gefunden.«

Günther betrachtete den Schuh nachdenklich. »Weißt du was, Hannes? Behalt ihn. Du hast mir eben sehr geholfen.«

Voller Freude betrachtete Hannes den wertvollen Fund. *Epilog bei 22.*

13.

Auf Hannes kam ein übel riechender Zombie zu. In der rechten Hand hielt er ein Messer. Während er auf Hannes zusteuerte, verlor er einige Körperteile. Hannes packte die Scherbe fester und zerteilte den Zombie in tausend Stücke. Überall spritzte Blut, doch Hannes bemerkte es nicht. Er war wie im Rausch. Die Spiegelscherbe schnitt dabei tief in sein eigenes Fleisch und er blutete stark. Drei Finger verlor er, aber er besiegte die gierige Bestie. Nach dem brutalen Kampf sah er sich seinen Gegner genauer an. Dieser war bis auf die Füße komplett nackt. Was Hannes wunderte, war, dass der Zombie einen linken goldenen Schuh trug. Er wusste, was das bedeutete: Dass es noch einen anderen Zombie gab, der den rechten Schuh trug! Er schwor sich, diesen zu jagen, bis er zur Strecke gebracht war. Dann betrachtete er den goldenen Schuh, aus dem noch immer Blut tropfte, eingehender.

Epilog bei 22.

14.

Die Spannung war unerträglich. Was erwartete ihn?

»Ist es a) ein Goldzahn, b) ein Goldfisch, c) ein Goldgräber oder d) ein Goldschuh? Und, Hannes, was ist die richtige Antwort?«

»Ich glaube, es könnte B sein«, antwortete Hannes.

»Sicher?«

»Nein! Ich nehme den 50:50-Joker!«

»Okay«, sagte sie, und zwei der Antworten wurden vom Computer ausgeblendet. »Es bleiben noch C und D.«

»Dann bin ich mir sicher.« Hannes atmete erleichtert auf. »Es ist d) ein Goldschuh, der mich erwartet!«

»Gut, ich löse auf und schaue in meine Tüte«, beendete sie die Anspannung. »Richtig! Ein goldener Schuh! Den sollte ich dir nach ihrem Tod von unseren Eltern geben. Du hast den linken und ich den rechten.«

Hannes betrachtete seinen Gewinn überglücklich.

Epilog bei 22.

15.

»Es ist ein goldener Schuh, Hannes!«

»Das ist ja unglaublich, Christiane!«

»Und dieser goldene Schuh, Hannes, ist ein wertvolles Sammlerstück!«

»Wie kann das sein, Christiane?«

»Dieser Schuh ist nur der linke, Hannes!«

»Das ist ja Wahnsinn, Christiane!«

»Nicht wahr, Hannes?«

»Oh ja, Christiane!«

»Und das Schöne ist, Hannes … Ach, ich traue mich gar nicht, das zu sagen!«

»Was, Christiane?«

»Hannes, du kriegst diesen Schuh heute für nur 99 Euro!«

»So ein Angebot, Christiane!«

»Der Hammer, Hannes!«

»Ich nehme ihn, Christiane!«

»Gut, Hannes. Hier ist er. Und dazu bekommst du noch ein 800-teiliges Messerset, einen MP3-Player und einen Schneebesen, Hannes! Und jeder Anrufer, der in den nächsten fünfzehn Minuten durch die Leitung kommt, bekommt dieses unglaubliche Angebot ebenfalls zu diesem Preis! Rufen Sie an, es lohnt sich!«

»Das ist der Wahnsinn, Christiane! Vielen Dank!«
Epilog bei 22

16.

»So, du Macho-Esel! Ich werde mit diesem Geld ein eigenes Unternehmen gründen. Eins, in dem Frauen auch in Führungspositionen sitzen. Eins, das sich nicht mehr den gängigen Hierarchien unterwerfen muss.«

»Das finde ich gut, Christiane«, sagte Hannes und räusperte sich. »Aber ich muss dir etwas beichten. Ich war nicht immer ein Hannes. Früher, als ich noch in Altenbeken lebte, hieß ich Jutta und arbeitete im örtlichen Edeka.«

Christiane legte ihm die Hand auf den Arm. »Oh, Jutta, du Vorbildfrau. Du, die ihren Körper wechseln musste, um sich in der harten Männerwelt durchzusetzen! Dein Schicksal berührt mich. Was kann ich für dich tun?«

Hannes ergriff ihre Hand und presste sie an seine Brust. »Verbünde dich mit mir, Christiane!«, rief er. »Lass mich einen deiner goldenen Schuhe tragen, damit jeder weiß, dass wir zusammengehören.«

Christiane zögerte keinen Moment lang, streifte das Bein ihrer lila Latzhose hoch und gab Hannes, den sie von nun an wieder Jutta nennen würde, ihren linken goldenen Schuh.
Epilog bei 22.

17.

Und so machte sich der gläubige Hannes auf den Weg, seinen Hund zu finden. An einer Gabelung erschien ihm ein Engel. Dieser Engel sprach zu ihm: »Wohin des Weges, Fischer?«

»Ich bin auf dem Weg, meinen Hund zu suchen.«

Da erzählte Hannes seine ganze Geschichte und der Erzengel war zutiefst gerührt.

Als der Engel erneut sprach, hörte Hannes in der Ferne Fanfaren: »Nimm diese goldenen Schuhe, sie sind dir gegeben vom

Vater, vom Sohn und vom heiligen Schuster. Sie sollen dich auf den rechten Weg leiten.«

So ging der heilige Hannes mit seinen Schuhen in Richtung Nazareth. Am siebten Tag traf er einen Hirten.

Der Hirte trat ihm entgegen und sprach: »Ein Engel verkündete mir dein Kommen! Dein Hund war mir zugelaufen, und ich habe mich um ihn gekümmert. Hier hast du ihn zurück.«

Aus Dankbarkeit teilte der heilige Hannes seine Schuhe mit dem Hirten. Er gab ihm seinen rechten. Er selbst behielt den linken.

Epilog auf 22

18.

»Saftige Hasenkeule mit Rosmarinkartoffeln!«, rief er, nahm die Auflaufform mit dem Kaninchen und schob sie in den Ofen. »Bei 200 Grad – Umluft 180 Grad – gelingt sie am besten, wenn man sie vorher mit Olivenöl einreibt. Dazu schmecken Rosmarinkartoffeln und Zucchini. Die Rosmarinkartoffeln vorher bissfest kochen und anschließend noch mal in heißem Öl mit den frischen Kräutern anbraten. Zucchini für zehn Minuten blanchieren. Dazu schmeckt ein herber Rotwein.«

Das Menü sah außergewöhnlich appetitlich aus. Claudia war sehr zufrieden. Sie gab Hannes zehn Punkte und bedankte sich für seine Teilnahme an der Sendung. Dann überreichte sie ihm den goldenen Schuh, sicher die größte Auszeichnung für jeden Koch. Hannes betrachtete seine Trophäe stolz.

Epilog bei 22.

19.

Zack! Und Claudia war nackt. Sie schaute ihn lüstern an. Seine Muskeln waren zum Zerbersten gespannt, so stark war seine Erregung.

Er spürte, wie das Blut in seinen Adern pulsierte, und raunte ihr ins Ohr: »Es macht mich an, wenn du dabei deine goldenen Schuhe anhast und sonst nichts.«

»Kein Problem«, erwiderte sie kokett und streifte die goldenen Schuhe über.

Sie machten es die halbe Nacht und erlebten einen Höhepunkt nach dem anderen. So etwas hatten beide noch nie erlebt.

Als Dank für diesen unfassbar geilen Tag schenkte sie ihm einen ihrer goldenen Schuhe.

»Damit du immer an mich denkst, mein Hengst«, hauchte sie gereimt.

Leer gepowert, aber glücklich betrachtete er den goldenen Schuh.

Epilog bei 22.

20.

Liebe Närrinnen und Narren,
ich werd hier sicher nicht verharren!
Ich bin en echtes kölsches Luder,
du bist jedoch nun mal mein Bruder.
Lass uns leever Fründe sin,
von der Sohle bis zum Kinn.
Und en lecker Biersche drinke,
bevor ich dir et Hätzje schenke.
Schon bald fahr ich wieder gen Norden.
Doch vorher kriegst du noch nen Orden:
Trink dein Kölsch und jib schon Ruh.
Hier isser ja, der jold'ne Schuh.
TATAA
TATAAA
TATAAAAA
Epilog bei 22.

21.

Pass auf! Echt passiert. Wahre Jeschichte. Ick schwör. Ick schwör. Ick habe ja eine Schwester. Und die steht da vor der Tür und schenkt mir – kennst du schenken? Kennste? Kennste? Kennste?

Schenken. Scheeeenken! Da schenkt die mir nen goldenen Schuh. Mir! Als Mann. NATÜRLICH. Dat brauche ich auch. Klar. *Epilog bei 22*

22.

Hannes zog sich den Schuh an. Er passte wie angegossen, und Hannes wusste genau: Egal, wie steinig sein Weg gewesen war, er hatte ihn zu dem Schuh geführt. Dieser Schuh war sein Schicksal. Wer braucht schon zwei Schuhe, wenn man auch auf einem Bein stehen kann?

ENDE

Stopp! Nicht das Buch aus der Hand legen! Nur die Verzweigungsgeschichte um Hannes ist vorbei, aber jetzt geht's erst richtig los! Hat es Ihnen gefallen, die Geschichte spontan selbst zu gestalten? Nur durch Ihre ganz persönliche Entscheidung ist die Geschichte so verlaufen, wie Sie sie gelesen haben. Gut, Sie hatten natürlich Vorgaben. Aber man muss sich eben langsam an die Hauptaufgabe herantasten. Schreiben Sie Geschichte!

Dazu gebe ich Ihnen drei kleine Beispiele, an denen Sie sich literarisch austoben können. Schreiben Sie die Geschichte in fünf kurzen Sätzen fort, so wie sie Ihrer Meinung nach weitergeht.

Story Nummer 1

Die Turmuhr schlug zwölf. Kerstin war auf dem Weg vom Gasthof nach Hause. Sie trug einen weiten Wollmantel, den sie enger um den Körper zog, da der Wind ihr eiskalt entgegenpfiff. Sie fror. Plötzlich hörte sie Schritte hinter sich. Kerstin wagte nicht, sich umzudrehen. Sie ging schneller. Wer auch immer hinter ihr war, tat dies ebenfalls. Kerstin begann zu rennen. Sie sah in der

Ferne ihr Haus, das einsam am Waldesrand stand. Die große Tanne hinter dem Haus wogte im Wind. Kerstin hatte bemerkt, dass die andere Person ebenfalls zu rennen begonnen hatte, dann spürte sie eine Hand auf ihrer Schulter ...

Wie geht es Ihrer Meinung nach weiter? Denken Sie nicht lange nach, sondern folgen Sie Ihrem ersten Impuls. Je besser Sie diese Grundregel der Improvisation beherrschen, desto leichter wird es Ihnen fallen, spontan zu sein.

_____

_____

_____

_____

_____

_____

Prima! War doch gar nicht so schwer, oder?

Story Nummer 2

Ich trieb schon seit Wochen alleine auf dem Meer. Meine Orientierung hatte ihren Geist aufgegeben, genau wie der Motor meines Schiffes. Ich trieb irgendwo zwischen den Falkland-Inseln und Afrika. Wo genau, konnte ich nicht sagen. Vor sieben Tagen hatte sich auch das Funkgerät verabschiedet und inzwischen waren meine Vorräte zur Neige gegangen. Meine Idee, von Namibia alleine nach Feuerland zu schippern, kam mir nun vor wie ein Himmelfahrtskommando. Plötzlich setzte mein Schiff irgendwo auf. Ich ging an Deck und sah ...

Alles klar? Sehen Sie bereits ein Bild vor Ihrem inneren Auge? Dann schreiben Sie es einfach auf!

_____

_____

_____

_____

_____

_____

_____

Die letzte der drei Geschichten hat noch ein besonderes Gimmick. Ich werde Ihnen am Ende der Geschichte drei Wörter vorgeben, die Sie logisch in Ihre Erzählung einbauen sollen. Wenn Sie Herausforderungen mögen, werden Sie diese hier lieben!

Story Nummer 3

Marion sah Thomas lange an. Sie hielt seinen Ehering in ihren Händen. Die Menschen um sie herum blickten sie gespannt an. Der Pfarrer wartete geduldig ...

Das ist keine besonders lange Startrampe, das gebe ich gerne zu. Aber Sie sind ja bereits fortgeschritten und jetzt bestimmt neugierig, was für Wörter ich mir für Sie bereitgelegt habe:

- Baustelle
- Kraftfutter
- Sterberate

Und auf geht's!

_____

_____

_____

_____

_____

_____

Sie werden sehen, je mehr Sie schreiben und je mehr Sie Ihre Fantasie auffordern, sich mit einem Thema zu beschäftigen, desto leichter fällt es Ihnen, Ideen zu entwickeln.

Meiner Freundin Kathrin haben diese Ideen sehr geholfen. Sie hat inzwischen sogar ihren ersten Krimi geschrieben. Aber auch, wenn Sie nicht gleich literarische Ambitionen hegen, kann ein wenig mehr Fantasie im Leben äußerst hilfreich sein. Wenn Ihr Ehepartner beispielsweise zu Ihnen sagt: »Schatzi, wir müssen reden«, dann werden Sie in Zukunft aufs Beste und aufs Ärgste gleichzeitig vorbereitet sein. Die Geschichte könnte sich

a) als Rosamunde-Pilcher-Story, b) als Horrorgeschichte und
c) als Verwechslungskomödie weiterentwickeln ...

Gehen wir nach diesem langen Ausflug in die Welt der Literatur
zum nächsten Fallbeispiel. Es ging ums Kochen, erinnern Sie
sich?

Die Geschichte von Danny W. und seiner aufwendigen Kocherei für Gäste, die meistens darüber moppern oder permanent nachsalzen

Ein lieber und sehr enger Freund von mir, der Danny, hatte ein
Riesenproblem. Er kocht gerne, doch seit einiger Zeit hat er ein
Problem damit. Ich befragte ihn in seiner Küche, weil er sich
dort am sichersten fühlte. Danny wusste von der Aufnahme
und er wollte es auch. So! Und wir sind trotzdem noch gut be-
freundet.

Sascha: Hmmmm! Das duftet ja verführerisch! Was ist denn das?
Danny: Die Nachbarn von unten!
Sascha: Entschuldige! Kochst du denn gar nicht mehr?
Danny: Ach, Sascha! Weißt du, trotz der Flut an Kochsendungen
    habe ich immer sehr gerne selbst Essen zubereitet. Vor allem
    zusammen mit meinen Freunden hat mir das immer viel Freude
    bereitet ...
Sascha: Aber was ist denn los, Danny? Nun mal Butter bei die
    Fische!
Danny: Oh, nein! Niemals Butter zum Fisch! Wenn es geht, dann
    sollte man ein wenig mit Olivenöl arbeiten, das reicht auch.
Sascha: Danny. Das sagt man einfach so. Butter bei die Fische
    heißt: Ran an den Speck. Wobei es mir vollkommen egal ist,
    wie man Speck zubereitet. Das soll nur bedeuten: Jetzt ans
    Eingemachte. Ich meine, erzähl schon!

Danny: Also, bei den letzten Treffen war es echt schwierig. Ich hatte getrüffeltes Kartoffelpüree gemacht. Das war echt lecker, man muss nur aufpassen, dass man nicht zu viel Trüffel nimmt …

Sascha: Danny, wenn du so weitermachst, stecke ich freiwillig meinen Kopf in deinen Backofen. Ist es das, was du willst?

Danny: Natürlich nicht. Das Problem ist: Kochen ist im Grunde eine sehr gesellige Angelegenheit, aber wir haben uns einfach nichts mehr zu sagen. Wir sitzen zusammen, essen, trinken, lächeln und schweigen. Keiner sagt was – es ist schrecklich! Ich habe Angst, dass wir uns gleichgültig geworden sind.

Eine verfahrene Situation. Sie kennen ganz sicher solche Abende. Sie sitzen mit Ihren Gästen am Tisch und eine eisige Wolke Schweigen hängt über Ihren Köpfen. Was tun? Man will ja auch nicht wie ein aufgeregtes Huhn drauflos gackern.

Aber keine Angst, die Rettung naht. Gönnen Sie sich doch mal einen Wellnesstalk:

WELLNESSTALK

Einfacher geht es nicht, sich einen Batzen neue Wörter zuzulegen: Vor dem nächsten Zusammentreffen mit Freunden bekommt jeder die Aufgabe, auf einem Zettel zehn verschiedene, möglichst ungewöhnliche Wörter zu notieren. Dieser Zettel tauscht jeder am Anfang des Abends gegen den einer anderen Person. Nun müssen Sie die Wörter auf Ihrem Zettel im Lauf des Abends logisch in einem Gespräch unterbringen. Der Rest der Anwesenden muss nun herausfinden, um welche Wörter es sich bei jedem gehandelt hat. Wer am meisten erraten hat, gewinnt. Der Wortgeber muss sich dabei natürlich zurückhalten. Es gibt für dieses Spiel auch noch einige, sehr wichtige Grundregeln:

a) Benutzt bitte keine Wörter, die unmöglich herauszufinden sind. Es hat keinen Zweck, einen Zettel abzugeben, auf dem zu lesen steht: und, jedoch, ich, kann, eins oder ähnliche öde Gewohnheitswörter. Wörter, die im allgemeinen Sprachgebrauch recht häufig eingesetzt werden, sollten also ausgenommen sein.
b) Selbst erfundene Wortungetüme müssen zu Hause bleiben.
c) Fremdwörter, Namen und Abkürzungen sind nicht erlaubt. Das sind sie beim Scrabble auch nicht. Dabei wird sich schon jemand etwas gedacht haben.

Ich erzählte Danny von diesem Spiel. Er war skeptisch. Erst als ich ihm einen neuen Mörser als Belohnung versprach, ließ er sich darauf ein. Ich hoffe, den kann ich von der Steuer absetzen.

An jenem Abend hatte Danny zwei Gäste. Jeder von ihnen bekam fünf Wörter zugeteilt. Sie hatten sich darauf geeinigt, die Wörter während des Essens einfließen zu lassen.

Danny: Als Vorspeise gibt es eine klare Tomatenessenz. Ich habe Biotomaten gekauft. Im Biosupermarkt an der Venloer Straße. Der ist an der vierten Ampel links von hier.
(Schon klar, dass Danny versucht hat, das Wort Ampel einzubauen, oder?)
Thorsten: Das ist ja interessant. Ich wusste gar nicht, dass da ein Biosupermarkt ist. Das letzte Mal war ich kurz vor Pfingsten im Biosupermarkt.
(Da dieses Treffen im Herbst stattfand, war Pfingsten das gesuchte Wort.)
Danny: Diese Tomaten kommen aus Spanien. In Finnland soll es auch sehr gute Tomaten geben.
(Wer sich mit Obst und Gemüse auskennt, der weiß, dass die Finnen nicht als Großmeister der Tomatenzucht gelten und somit Finnland eingebaut werden sollte.)
Thorsten: Sag mal, Danny! Ich sehe gerade, du hast Silit-Töpfe.

Das ist doch so was wie der Porsche unter den Töpfen, oder? (Jetzt wurde es langsam tricky und die Unterhaltung begann groteske Formen anzunehmen. Danny war etwas überfordert von Thorstens Behauptung und bekam einen Lachflash. Porsche in einem Gespräch über Suppen und Töpfe einzubauen, war sicher nicht einfach. Doch das gab ihm eine Steilvorlage für sein nächstes Wort…)

Danny: Kann schon sein. Aber diese Töpfe sind ganz schön teuer, dafür muss man schon fast einen Kredit aufnehmen. (Und, geblickt? Das gesuchte Wort war natürlich Kredit.)

Thorsten: Das letzte Mal, dass ich einen Kredit aufgenommen habe, ist zwei Jahre her, da habe ich mir einen Picasso gekauft. (Genau: Picasso. Wenn Sie nun denken, das Spiel sei an Ralf vorbeigegangen, dann liegen Sie falsch. Er hatte nur auf seinen großen Augenblick gewartet, und dieser war just gekommen:)

Ralf: Diese Tomatenessenz ist so würzig. Sie riecht wie ein *Basar* in Indien. In Indien gibt es ja viele *Schreiner*. Am liebsten liefern die ja nach Amerika. Dann können sie ihre Rechnungen in *Dollar* stellen.

Alle drei prusteten laut los. Danach unterhielten sie sich den ganzen Abend über das Zuschrottfahren von schnellen Autos, die Flirts im letzten Finnland-Urlaub, das, was man mit Holz alles anstellen kann, und die Gesichter auf Dollarnoten. Ihre Unterhaltung lief wie am Schnürchen. Von Danny weiß ich, dass der *Wellnesstalk* inzwischen zu einem Ritual vor dem Essen geworden ist.

Sie können das Spiel zusätzlich verschärfen, indem Sie ein Zeitlimit festsetzen wie zum Beispiel folgendes: Die Wörter müssen innerhalb der nächsten halben Stunde fallen. Stellen Sie sich einen Wecker, und Sie werden sehen, wie aufmerksam alle auf einmal am Gespräch teilnehmen. Das oberste Gebot aller aufmerksamen Gesprächsteilnehmer wird damit spielerisch befolgt: Jeder hört dem anderen genau zu. In diesem Fall erstens, um herauszufinden, welches Wort der Redner gerade einbaut, und zweitens, um das Thema auszuloten, damit das nächste eigene Wort sinnvoll eingesetzt werden kann.

Sie als Leser sind klar im Vorteil: Durch dieses Buch sind Sie Ihren Freunden immer einen Schritt voraus, denn auch zu diesem Spiel gibt es selbstverständlich eine Trainingseinheit. Sie besitzt drei Stufen.

Stufe 1

Ich gebe Ihnen einige unzusammenhängende Wörter vor. Bilden Sie mit jedem Wort mindestens drei Sätze, die möglichst unterschiedlich sein sollen. Wenn es um das Wort Bild geht, könnten Sie natürlich schreiben:

a) Das Bild ist rot.
b) Das Bild ist grün.
c) Das Bild ist gelb.

Sicher geht das, und die Aufgabe wäre auch gelöst. Aber mal ehrlich: Sich so durch die Aufgabe zu mogeln ist doch was für Leute, die noch nie einen Löwenkäfig von innen gesehen haben. Und Sie sind doch inzwischen eine Spontaneitätsmaschine, oder? Sie können das! Genauso gut könnte die Lösung nämlich wie folgt lauten:

a) Johannes Heesters ist ein Bild von einem Mann, ein sehr altes schwarz-weißes, aber ein Bild.
b) Für das Bild in meinem Pass habe ich mich einem Nasenhaar-Waxing unterzogen.

c) Ich wohne seit drei Wochen in Köln-Bilderstöckchen.

Sie sehen, es sind drei ganz unterschiedliche Sätze geworden, in denen das Wort »Bild« vorkommt. Spielen Sie jetzt selbst mit den Bausteinen, die ich Ihnen vorgebe!

WORT-LEGO

Bilden Sie drei Sätze mit den folgenden Wörtern:

Feuer

1. _____

2. _____

3. _____

Stadt

1. _____

2. _____

3. _____

Stiefel

1. _____

2. _____

3. _____

Tisch

1. _____

2. _____

3. _____

Glaube

1. _____

2. _____

3. _____

Suppe

1. _____

2. _____

3. _____

Kerze

1. _____

2. _____

3. _____

Kind

1. _____

2. _____

3. _____

Fußball

1. _____

2. _____

3. _____

Operation

1. _____

2. _____

3. _____

Das war Stufe 1. Hat gar nicht wehgetan, oder?

Stufe 2

Und rasant geht's weiter – in den nächsten fünf Aufgaben bekommen Sie ein Wort-Trio: gleich drei Wörter zum Preis von einem. Bauen Sie einfach einen schönen Satz drumherum.

Was, das haben Sie nicht verstanden?! Zum Beispiel gebe ich

145

Ihnen die drei Wörter Satz, Frau, Lampe vor, und Sie machen daraus ein Feuerwerk der abendländischen Sprachkultur.

Fantasievoll: Der Mann von *Frau* Schmidt will wissen: »Was sollen wir denn im Bett mit einer *Lampe* und einem *Satz* Schraubenzieher?«

Naheliegend: Der erste *Satz* meiner *Frau* am Morgen ist immer: »Mach die *Lampe* an, du Penner!«

Oder ganz einfach: »Hallo, ich bin Frau Lampe-Satz.«

Genug gesätzelt. Nun sind Sie dran. Lassen Sie Ihren kreativen und spontanen Schalk zuschlagen.

Wort-Trio eins: Vase, Kaffee, Stuhl
Ihr Ein-Satz bitte:

_____

_____

Wort-Trio zwei: Tinte, Stab, Tür
Setzen Sie sich ein:

_____

_____

Wort-Trio drei: Australien, Feder, Brei
Einfach drauflos wörtern:

_____

_____

Wort-Trio vier: simultan, Balkon, Pflanze
Ein Königreich für diesen Satz:

Wort-Trio fünf: Nuss, Grippe, Fankurve
Spiel, Satz, Sieg:

Wort-Trios in Sätze umzuformen ist ein hervorragendes Training für Ihre Kreativität, Spontaneität und Originalität. Wenn Sie nicht genug davon bekommen können, nehmen Sie sich doch einfach die Tageszeitung oder ein Buch und tippen Sie mit geschlossenen Augen nacheinander drei Mal auf die Seite. Aus den Wörtern, die Sie mit dem Finger erwischen, bilden Sie dann einen mehr oder weniger sinnvollen Satz.

Stufe 3

Die nächste und letzte Stufe dieser Trainingseinheit ist etwas schwieriger. Ich werde Ihnen drei Textanfänge vorgeben. Zu diesen bekommen Sie von mir jeweils ein Wort. Setzen Sie die Geschichte fort und bauen Sie das Wort dabei ein. Da ich diese Aufgabe von uns beiden am besten kenne, hier ein kleines Beispiel:

Als das Auto quietschend um die Ecke bog, ahnte noch keiner, dass dieser Morgen die Stadt für immer verändern sollte. Das Auto hielt direkt vor der Zentralbank, die fünf Minuten zuvor ihre Pforten geöffnet hatte. Sechs schwer bewaffnete Männer stiegen aus.

Das Wort für diese Aufgabe lautet *Priester*.

Ich würde die Geschichte nun wie folgt weitererzählen: *Die Männer gingen gemessenen Schrittes auf die Bank zu. Sie waren gekommen, um etwas Geld abzuheben, weil sie am Abend auf einer Party für Waffenliebhaber eingeladen waren, die von der örtlichen Kirchengemeinde veranstaltet wurde. Der Priester hatte auf die Einladungen geschrieben: »Damit das Fest ein Volltreffer wird, bringt alle etwas zum Knabbern mit.« Doch woran keiner der sechs gedacht hatte: Im Kiosk konnte man seine Chips nicht mit EC-Karte bezahlen.*

Nun sind Sie dran. Exklusiv für Sie habe ich mir drei Anfänge für Geschichten ausgedacht:

1. *Die Bahn hatte satte sechzig Minuten Verspätung. Ralf war ziemlich geladen. Er betrat den ICE und suchte sich einen Platz.*

Das Wort der Stunde ist: *Obst*

_____

_____

2. *Petra lachte fröhlich. Genau so hatte sie sich ein Familienfest vorgestellt! Alle waren sie gekommen: ihre Eltern, Tanten und Onkel. Selbst ihre ganzen Freunde waren angereist. Seit zwei Jahren lebte sie nun schon in Tegucigalpa. Sie hatte viele ihrer Freunde und Verwandten in dieser Zeit gar nicht gesehen.*

Im Angebot ist jetzt das Wort *Zollstock*!

_____

_____

3. *Die Gangway zum Schiff war hell erleuchtet. Es war ein prachtvolles Kreuzschiff, das in Kürze die Reise von Athen nach Phuket antreten würde. Der Kapitän langweilte sich etwas, da er die Reise nun schon zum hundertsten Mal antrat. Aber es half ja nichts...*

Und siehe da, ich gebe Ihnen das Wort *Eichhörnchen*.

_____

_____

Wie, zu einfach?! Na gut, Sie wollen es ja nicht anders. Ich gebe Ihnen für die Bonusgeschichte drei Wörter vor, die alle im weiteren Verlauf der Geschichte vorkommen müssen... Mal sehen, ob Sie dann auch noch meckern!

4. *Das Pferd lief wild und ungestüm durch die Prärie. Noch nie hatte es sich so frei gefühlt! Viele Sommer und Winter lang hatte Sturmauge Menschen auf sich reiten lassen. Jetzt war es frei.*

_____

_____

Der helle Wahnsinn! Sie haben die Aufgabe gelöst – das hätte ich nie gedacht! Allerdings muss ich sagen, dass ich es nicht besonders realistisch finde, dass die Krabben Kunststücke auf dem Trapez machen, während unter ihnen das zum Zirkuspferd gebändigte Sturmauge trabt. Aber Sie müssen ja selbst wissen, was Sie tun.

Was dabei herauskommen kann, wenn man unvermutet Wörter in einen bekannten Text einbauen muss, erlebte ich eines Abends in einem kleinen Kölner Theater hautnah. Ich ließ mir als Erstes vom Publikum ein Märchen vorgeben, und die Zuschauer entschieden sich für *Rotkäppchen*. Dann bat ich einen Herrn zu mir auf die Bühne, dem ich eine Hupe in die Hand drückte. Seine Aufgabe war es, diese mitten im Märchen zu betätigen, sooft er wollte. Ich würde dann stoppen, und er sollte ein Wort einwerfen, das nichts mit dem Märchen zu tun hatte und das ich logisch einbauen musste. Die Gebrüder Grimm hätten sich im Grabe umgedreht, wenn sie gesehen hätten, was an diesem Abend aus ihrem schönen Märchen wurde.

Es war einmal ein kleines Mädchen, das eine rote Kappe trug.
Böööt: Autobahn!
Es lebte mit seiner Mutter an der Autobahn, und zwar an der A3. Weil das so gefährlich war, trug das Kind immer diese rote Kappe. Man nannte es deswegen Rotkäppchen.
Böööt: Angela Merkel!
Rotkäppchens Mutter sah aus wie Angela Merkel. Eines Tages rief sie Rotkäppchen zu sich …
Böööt: Baumhaus!
… und das Mädchen spielte gerade im Baumhaus, als die Mutter nach ihm rief. Es sprang aus dem Baumhaus und ging zur Mutter.
Böööt: Finanzamt!
»Mein Kind, deine Großmutter hat vom Finanzamt einen Bescheid bekommen und ist direkt krank geworden. Du musst ihr …

Bóóöt: Sauna!

…Brot, Obst, Wein und diesen Saunagutschein mitnehmen. Aber komm nicht vom Weg ab.« Rotkäppchen machte sich auf den Weg…

Bóóöt: Italien!

…doch es verlief sich. Auf einmal stand es vor dem Brenner-Tunnel und dachte sich: »Mist, fast wäre ich nach Italien gelaufen!« So ging es zurück zum Wald.

Bóóöt: Auto

Da der Weg dorthin so weit war, trampte es. Ein Auto brachte es hin.

Bóóöt: Vogelspinnen!

Rotkäppchen hatte fürchterliche Angst vor den Vogelspinnen. Sie lungerten alle am Wegesrand herum. So verließ es den Weg nicht. Plötzlich hörte es eine tiefe Stimme. »Hallo! Wohin des Weges?«

Bóóöt: Ping Pong!

Es antwortete frech: »Nach Tokio zu meiner Brieffreundin Ping Pong! Wonach sieht es wohl aus? Zu meiner Großmutter natürlich. Die ist krank.«

Bóóöt: Schlaftabletten!

Der Wolf sagte: »Das trifft sich gut. Zu der wollte ich auch gerade. Ich sollte ihr noch Schlaftabletten bringen. Kannst du sie mitnehmen? Das wäre lieb. Außerdem weiß ich, dass deine Großmutter Blumen mag. Du hast gar keine dabei.

Bóóöt: Gazelle!

Ich weiß aber, dass es an der Flussbiegung welche gibt. Willst du nicht welche holen?« Und wie eine Gazelle hüpfte Rotkäppchen los. Der Wolf rannte in der Zwischenzeit zur Großmutter. Er ging in ihr Haus, packte sie…

Bóóöt: Karate!

…und obwohl sie Karate konnte und nach dem Wolf trat, fraß der sie auf. Er zog sich ihr Nachthemd an, legte sich in ihr Bett und wartete auf Rotkäppchen.

Bóóöt: Umzugskisten!

Rotkäppchen hatte soooo viele Blumen gepflückt, dass es bei OBI zwei Umzugskisten kaufen musste, um die Blumen heil bei der Großmutter abzuliefern. Am Haus seiner Oma angekommen, klopfte es vorsichtig an die Tür.

Böööt: Aschenputtel!

Da kam Aschenputtel des Weges und sagte: »Hallo Rotkäppchen!« Rotkäppchen drehte sich um sagte: »Hau ab, Aschenputtel, das ist mein Märchen!« Rotkäppchen ging ins Haus der Großmutter. Es schaute seine Großmutter an und fragte: ...

Böööt: Tassen!

»Warum hast du so große Kaffeetassen?« Da antwortete der Wolf: »Damit ich jeden Morgen meinen Latte Macchiato trinken kann!« Und Rotkäppchen fragte weiter: »Großmutter, warum hast du so große Ohren?« Der Wolf sagte: »Damit ...

Böööt: Aquarium!

... ich hören kann, ob die Fische im Aquarium genug Sauerstoff haben!« Dann fiel Rotkäppchen was anderes auf. Es fragte direkt: »Großmutter, warum hast du ...«

Böööt: Gemächt!

Weiter kam Rotkäppchen nicht, denn es sah aus seinem linken AuGE MÄCHTige Zähne auf es zukommen. Und schwupps war es verschlungen.

Böööt: Deutschland!

So was passiert in Deutschland alle fünf Minuten. Doch da kam der Jäger zufällig vorbei.

Böööt: Hartz IV.

Er hieß Peter und kam aus dem Harz. Vier Jahre lang lebte er nun schon hier! Am Haus der Großmutter angekommen, hörte er lautes Schnarchen. Er blickte durchs Fenster und sah den Wolf im Bett tief und fest schlafen. Dann ging er hinein, schnitt ihm den Bauch auf und holte Rotkäppchen und die Großmutter heraus ...

Böööt: Bernsteinzimmer!

... und fand dort unter anderem auch noch das Bernsteinzimmer. Die drei verkauften es und lebten vom Erlös glücklich bis an ihr Lebensende!

Dieses Beispiel zeigt vor allem eines: Spontan sein heißt, sich auf Situationen und Veränderungen einzulassen.

Wenn Sie glauben, dass Sie das nicht können, werde ich jetzt mit Ihnen einen Schritt über die Grenze der menschlichen Vorstellungskraft machen, in eine bisher unbekannte Dimension. Sie sind inzwischen an einem Punkt angelangt, an dem ich Ihrer Spontaneität und Kreativität mehr abverlangen kann als das Standardprogramm. Da es die letzte Übung in diesem Buch ist, werde ich versuchen, auch das Allerletzte aus Ihnen herauszukitzeln.

Wenn Sie sich zurückerinnern, sollte Danny W. die Wörter in das Gespräch des Abends einbauen, koste es, was es wolle. Kathrin P. sollte Blut lecken, indem sie sich zu jedem Kapitel ausmalte, wie die Geschichte weitergehen könnte.

Und weil wir nun an einem Punkt sind, an dem Sie multitaskingfähig sein sollten, spielen wir jetzt beide Spiele zusammen! Wie, Sie wollen nicht?! Sind Sie denn total übergeschnappt? Ja, Sie!

Pardon. Aber ich glaube, wir stecken nun einfach schon zu lange hier zusammen in diesem Buch. Ich habe so etwas wie einen Lagerkoller. Kennen Sie das? Ist ja auch kein Wunder. Wir hängen hier zusammen ab, sind durch dick und dünn gegangen und haben Ihre Spontaneität geweckt. Da passiert so etwas schon mal. Was machen wir nun?

Klar, wir brauchen eine Lockerungsübung, um den Kopf wieder freizubekommen. Sie kann auch hilfreich sein, wenn wir anderen Stresssituationen ausgesetzt sind: In unserem Kopf kreisen die Gedanken wie ein Schwarm Vögel vor dem Flug nach Süden. Was muss ich heute noch erledigen? Ist die Wäsche noch in der Waschmaschine? Kann ich Pilze auch dreimal aufwärmen? Wo ist das Futter für die Katze? Wo ist das verdammte Tier überhaupt? Wann war eigentlich noch mal gestern?

Lockern sollten Sie sich auch in den Momenten, in denen der Kopf vor Frust oder Überforderung überzulaufen droht: Dann, wenn Sie im Briefkasten mal wieder eine Rechnung gefunden haben, die noch in D-Mark ausgestellt ist. Oder wenn die Hotline

Ihres Internetanbieters Sie mal wieder fast vor Wut zum Platzen gebracht hat.

Manchmal tut es wirklich gut, wenn man diese Gedanken für einen Moment beiseiteschiebt. Sich oben rum frei macht. So ähnlich, wie wenn man ein Zimmer lüftet. Muff raus, frischer Wind rein. Beim Zimmer ganz einfach, doch wie macht man das im Kopf? Klar, man kann sich zu Klangschalentönen oder Walgesängen auf Buchweizenkissen hocken und in Richtung Indien allerlei Mantras chanten. Oder im Park die Jogger zählen. Manche wandern auch, andere wiederum fahren Fahrrad, um sich geistig zu erholen. Doch man hat nicht immer Klangschalen, Fahrräder oder gar einen Park zur Hand.

Mal angenommen, Sie möchten zu Hause abschalten. Passen Sie den Moment ab, wenn die plärrende Brut das Haus verlassen hat, um die Lehrer in den Wahnsinn zu treiben. Oder die Ruhe nach dem Sturm, wenn Sie gerade die gesamte Wohnung auf Hochglanz poliert haben und vollkommen fertig auf den nächstbesten Sessel gesunken sind. Nach der Arbeit im Büro, nach dem kräftezehrenden Sex mit der Nachbarin. Egal wann, und egal warum Sie Ruhe brauchen: Dies ist eine Übung, die Sie überall machen können. Entspannung to go, um es auf Neudeutsch auszudrücken.

Setzen Sie sich einen Moment hin. Egal wo Sie gerade sind. Jetzt zum Beispiel. Ja, auf den schmutzigen Fußboden. Beobachten Sie die Welt um sich herum aufmerksam. Suchen Sie sich nun wahllos sieben verschiedene Punkte. Das können Gegenstände, Gebäude, Menschen oder Tiere sein, was immer Ihnen am sympathischsten ist. Wichtig ist nur, dass es sieben sind. Denken Sie nicht darüber nach, welche Gegenstände für die Übung am besten sein könnten. Nehmen Sie die, die Ihnen als Erstes in den Sinn gekommen sind. Dinge, bei denen Ihre innere Stimme laut »Yes!« ruft.

Schreiben Sie diese nun der Reihe nach auf:

_____

_____

_____

Und nun schreiben Sie in derselben Reihenfolge nur die Anfangsbuchstaben der Wörter auf:

_____

Abschließend bilden Sie einen Satz mit sieben Wörtern. Die Wörter in dem Satz sollten mit denselben Buchstaben beginnen wie oben. Halten Sie die bisher gewählte Reihenfolge wiederum ein. Als kleines Beispiel: Sie sitzen irgendwo. Meinetwegen im Wohnzimmer. Dann schauen Sie sich um. Ihnen fallen folgende Dinge ins Auge: Bild, Tisch, Aquarium, Decke, Ehemann, Kaffee, Heizung. Das sind nun Ihre sieben Gegenstände für die Übung. Dann geht es weiter. Sie wiederholen diese Sachen noch einmal im Kopf. Nun nehmen Sie von jedem den Anfangsbuchstaben. Also in diesem Falle: B T A D E K H. Und jetzt bilden Sie einen Satz mit den Anfangsbuchstaben dieser sieben Wörter, so zum Beispiel:

Brauchte tausend Autos, die einen Kofferraum haben.

Oder:

Bei Traudl aßen Dortmunder Elektriker kleine Häppchen.

Nun sind Sie dran. Doch jetzt schreiben Sie die Wörter nicht auf. Versuchen Sie sie im Kopf zu behalten. Das ist gar nicht so schwer, wie es sich anhört: Erst die Wörter suchen. Dann die Augen schließen. Die Wörter noch mal im Geist wiederholen. Dann die Anfangsbuchstaben der Gegenstände für sich wiederholen. Und am Ende einen Satz mit sieben Wörtern bilden. Konzentrieren Sie sich. Dann dürfte diese Aufwärmübung kein Problem für Sie sein.

Diese Übung können Sie jederzeit und überall spielen. Sie werden mit der Zeit immer besser werden. Stocken Sie nach einer Weile von sieben auf zehn Wörter auf. Oder bilden Sie zwei Sätze statt nur einen. Dieses Spiel ist hervorragend, um sich zu sammeln und mal runterzukommen. In Stresssituationen wie vor Prüfungen hilft es Ihnen, auf andere Gedanken zu kommen und dabei noch ganz nebenbei Ihr Gehirn zu trainieren.

Die nächste Stufe ist es, Kathrin P. und Danny W. zusammenzubringen. Na ja, ihre Spiele jedenfalls. Sie brauchen dafür Ruhe, eine Uhr, einen Stift und ein Blatt Papier.

Danny W. hatte ich einzelne Wörter vorgeschlagen, die er in einen sinnvollen Zusammenhang stellen sollte. Ihnen traue ich nun wesentlich mehr zu: Sie bekommen jetzt fünfzig Sätze von mir. Davon suchen Sie sich erst mal zehn aus und schreiben sie auf das Blatt Papier. (Wenn es bei einem Satz direkt funkt, dann sollten Sie diesen nehmen. Spontane Eingebungen sind immer richtig!)

1 Woher kommen eigentlich grüne Bananen?
2 Das Haus wurde vor Kurzem renoviert.
3 Die Rentner in Deutschland werden immer unverschämter.
4 Ich esse lieber Apfelmus mit dicken Stücken.
5 Die Wanderwege sind völlig überfüllt.
6 Flugzeugfraß schmeckt widerlich.
7 Kein Fußballer, den ich kenne, hat Abitur.

8 Lass uns in den Wald gehen.
9 Mein Hund kann apportieren.
10 Ich habe noch nie genäht!
11 Der Film war schlecht.
12 Kann ich mal die Tageszeitung haben?
13 Der Tee braucht noch fünf Minuten.
14 Die Schlaufe war angerissen.
15 Weder Haus noch Hof konnte er halten.
16 Das treibt mir die Schamesröte ins Gesicht.
17 Was hat sie, was ich nicht habe?
18 Ich bin allergisch auf Hausstaubmilben.
19 Nie wieder Klöße!
20 Keine Party ohne Martie!
21 Du hast den Bock zum Gärtner gemacht.
22 Ich will keinen Urlaub.
23 Mir ist schlecht.
24 Wo sind die Skipisten?
25 Ich tanze gerne an der Stange.
26 Wer ist heute noch frei?
27 Fahren Sie mich zum Alexanderplatz, bitte.
28 Tut mir leid, wir sind ausverkauft.
29 Wer hat noch nicht, wer will noch mal?
30 Ein Reetdach wäre toll.
31 Das Riesenrad ist kaputt.
32 Die Gesteinsformation ist mir unbekannt.
33 Natürlich bin ich noch unter vierzig.
34 Hello! My name is Anne. I am from the United States!
35 Ich hasse Fitnessstudios!
36 Die Wirtschaftskrise kommt näher.
37 Der Busch brennt ja!
38 Mein Toaster ist kaputt.
39 Wer rastet, der rostet.
40 Keine Macht den Drogen.
41 Am Matterhorn ist die Luft sehr klar.

42 Möchten Sie noch ein Kissen?
43 Das Leben ist wie ein langer, ruhiger Fluss.
44 Ich lese leidenschaftlich gerne.
45 Wo ist eigentlich meine Frau?
46 Ich bin ein Morgenmuffel.
47 Die Heuschreckenplage ist enorm.
48 Klare Worte sind die besten.
49 Ich laufe die hundert Meter unter zwölf Sekunden.
50 Am Anfang war das Wort.

Nicht so gierig. Jeder nur zehn Sätze.

Gehen wir direkt über zu Phase zwei. Die Kathrin-P.-Phase. Bei Kathrin war es ja so: Sie las etwas und dachte sich aus, wie die Geschichte weitergehen könnte. Das werden Sie jetzt auch tun. Als Erstes wählen Sie spontan eine Zahl zwischen 1 und 5. Schreiben Sie diese Zahl auf Ihr Blatt mit den Sätzen. Im Folgenden bekommen Sie fünf Geschichtenanfänge. Gehen Sie zum Beginn der Geschichte, deren Nummer Sie gewählt haben. Nehmen Sie diesen Storystart und schreiben Sie die Geschichte weiter. Nach den ersten drei Sätzen fügen Sie einen der Wahlsätze logisch in die Geschichte ein. Irgendeinen, der Ihnen gerade passend erscheint, um die Geschichte weiterzuführen. Nach diesem vorgegebenen Satz dürfen Sie wieder drei Sätze frei einfügen. Dann wieder ein Wahlsatz, bis Sie alle verbraucht haben. Zu kompliziert? Ich mach's mal vor.

Mein gewählter Story-Beginn ist etwas für alle, die uniformierte Ordnungshüter mögen:

Was für ein Fang, dachte Miriam und beobachtete den Polizisten, dessen Muskeln sich unter seinem Shirt deutlich abzeichneten, während er auf ihr Auto blickte und auf einem Block etwas notierte. Sie schritt mit katzengleichen Bewegungen zu ihrem roten Cabrio und lehnte sich geschmeidig an die Motorhaube...

Ich schreibe die Geschichte nun weiter, indem ich mir die ersten vier Sätze frei ausdenke und als vierten Satz einen aus meinen Favoriten von der Liste einfüge:

1. *»Hallo, Officer«, raunte Miriam und zupfte sich einen Flusen vom üppigen Dekolleté.*
2. *Seine verspiegelte Sonnenbrille gleißte im Sonnenlicht.*
3. *Miriam zwinkerte ihm kokett zu: »Haben Sie ein Problem?«*
4. *»Mein Toaster ist kaputt«, sagte der Polizist.*
5. *Seine Stimme klang weinerlich.*
6. *»Wie meinen?«, fragte Miriam irritiert.*
7. *»Mama hat gesagt, ich soll mir einfach einen neuen kaufen«, meinte der Uniformierte. »Aber ich kann mich nicht entscheiden, welche Farbe er haben soll.«*
8. *»Das treibt mir die Schamesröte ins Gesicht«, sagte Miriam.*
9. *In Gedanken fügte sie hinzu:* Und zwar Fremdscham, du Vollidiot.

(Sie möchten wissen, wie's weitergeht? Lesen Sie's in den Outtakes am Ende des Buches!)

Sie müssen für diese Übung kein perfekter Geschichtenerzähler sein. Hier geht es nur um enthemmtes spontanes Denken. Nehmen Sie den Anfang der Geschichte und schreiben Sie einfach drauflos. Lassen Sie sich nicht zu viel Zeit beim Erfinden des Handlungsstranges. Versuchen Sie einfach, Übergänge zu den Wahlsätzen herzustellen. Sie werden sich wundern, wozu Sie in der Lage sind!

Jetzt kommen Ihre Storyanfänge. Bitte jetzt eine Zahl zwischen eins und fünf wählen. Letzte Möglichkeit!

1.

Es war sehr kalt an diesem Novembermorgen, als Lydia die Kirche betrat. Niemand war zu sehen, nur wenige Kerzen waren angezündet. Sie schob den Vorhang des Beichtstuhls beiseite und setzte sich auf die kalte Holzbank.

Von der anderen Seite her sprach der Pfarrer sie an: »Was kann ich für dich tun, mein Kind?«

2.

Ich saß auf dem Rücken meines Pferdes und genoss den weiten Blick über die Wiesen Cornwalls. Noch einmal trieb ich mein Pferd an, im wilden Galopp durch die Landschaft zu laufen. Das waren die Momente, in denen ich mich frei fühlte. Doch plötzlich hörte ich etwas sehr Beunruhigendes.

3.

Als das Kaninchen Berti auf die Farm zuhoppelte, ahnte es nicht, dass sich sein Leben damit für immer verändern würde. Kurz vor der Farm tappte es in eine Kaninchenfalle. Stunden später holte es Farmer Hans aus der Falle und brachte Berti in den Stall. Dort wurde dem Kaninchen klar, dass es geschlachtet werden sollte. Da schrie Berti den Farmer an: »Bitte nicht schlachten!« Der Farmer ließ das Beil fallen. »Mein Gott«, sagte er. »Du kannst ja sprechen!«

4.

Heidrun wartete seit einer Stunde im Restaurant Flora auf ihr Blind Date. Doch er kam nicht. Heidrun begann sich zu ärgern: Ihr erstes Date seit drei Jahren! Sie hatte sich tierisch aufgebretzelt! Als sie nicht mehr damit rechnete, öffnete sich plötzlich die Restauranttür und er kam rein. Schöner, als sie sich ihn erträumt hatte. Er ging auf sie zu und hauchte: …

5.

Die Tür zum Keller knallte zu. Michael spürte Angst in sich aufsteigen. Es war stockfinster. Da hörte er Schritte. »Ich habe auf dich gewartet!«, tönte eine schrille Stimme.

Welcher Anfang darf's denn sein? Nehmen Sie Ihre zehn ausgewählten Sätze und fangen an zu basteln!

Da Sie dafür Ruhe brauchen, lasse ich Sie mit meinem Gesabbel mal eine Weile in Ruhe.

Wer Geschichten auf diese Weise zusammenbauen kann, der reagiert auch dann rasch, wenn er mal beim Arztbesuch oder beim Vorstellungsgespräch um eine Antwort verlegen ist.

Stellen Sie sich doch mal folgenden Arztbesuch vor:

Arzt: »Hallo! Was kann ich für Sie tun?«
Sie: »Flugzeugfraß schmeckt widerlich!«
Arzt: »Tatsächlich? Haben Sie sich den Magen verdorben?«
Sie: »Nein, eigentlich habe ich Grippe, aber ich wollte diese Information unbedingt loswerden!«
Arzt: »Schön, dass Sie sich mir auf diese Weise anvertrauen, doch nun machen Sie mal kurz den Mund auf!«
Sie: »Was hat sie, das ich nicht habe?«
Arzt: »Wer?«
Sie: »Na, die Frau, die vor mir dran war!«
Arzt: »Ein Lungenödem, warum?«
Sie: »Ich tanze gerne an der Stange!«
Arzt: »Ach, und dabei waren Sie nackt und haben sich die Grippe geholt?«
Sie: »Quatsch, die Grippe habe ich mir bei der Arbeit geholt.«
Arzt: »Nun gut, dann schreibe ich Sie mal eine Woche krank.«
Sie: »Am Matterhorn ist die Luft sehr klar.«
Arzt: »Von mir aus, dann fahren Sie halt dorthin.«

Sie sehen, der Arzt wird etwas überfordert sein. Sie werden Ihre Bescheinigung bekommen. Möglicherweise wird er noch einen Neurologen zu Ihrem Fall hinzuziehen. Aber was soll's. Arztbesuche verlaufen allzu oft gleich. Die Sache ist doch die: Ich kriege eh meinen gelben Schein. Muss ich mich dabei auch noch langweilen?
   Auch jedes Vorstellungsgespräch bekommt Pfeffer, wenn Sie sich dieser Technik bedienen. Mit nur fünf Sätzen aus der oben stehenden Liste, geschickt platziert, machen Sie jedes Gespräch zu einem Event:

Es beginnt wie ein normales Vorstellungsgespräch bei einer Sparkasse. Sie sehen unfassbar elegant aus, werden ins Büro gebeten, und schon geht es los.

Chef: »Guten Morgen, schön Sie zu sehen. Haben Sie gut hergefunden?«
Sie: »Woher kommen eigentlich grüne Bananen?«
Chef: »Ich – ääähh – also – Keine Ahnung, aber vielleicht beantworten Sie erstmal meine Fragen.«
Sie: »Aber sicher doch, sehr gerne.«
Chef: »Was haben Sie denn bisher gemacht?«
Sie: »Kein Fußballer, den ich kenne, hat Abitur.«
Chef: »Hä? Heißt das, Sie haben eins?«
Sie: »Natürlich habe ich Abitur! Bin ich Fußballer?«
Chef: »Prima. Warum haben Sie sich unsere Bank ausgesucht?«
Sie: »Nie wieder Klöße.«
Chef: »Wie bitte?«
Sie: »Ist doch klar, ich war bei anderen Banken, und das waren Klöße. Sie hingegen sind die Herzoginnenkartoffel im Bankenwesen.«
Chef: »Vielen Dank für diesen ungewöhnlichen, wenn auch treffenden Vergleich.«
Sie: »Wo ist eigentlich meine Frau?«
Chef: »Keine Ahnung … Warum?«
Sie: »Ich wollte ihr nur sagen, dass ich den Job habe!«
Chef: »Haben Sie?«
Sie: »Ich denke schon, oder?«

Egal, ob Sie den Job wirklich bekommen hätten, indem Sie Ihren zukünftigen Chef geistig einmal um die eigene Achse drehen – diese Beispiele zeigen, dass Sie Ihr Gegenüber fordern können. Wer die Sätze vorgibt, führt. Wenn Sie spontan auf die Reaktionen Ihres Gegenübers eingehen, entsteht eine authentische Atmosphäre. Wenn Sie das probieren wollen, dann fangen Sie mit nur einem oder zwei Sätzen an, die Sie im Laufe des Gesprächs einstreuen. Das kann einer aus der Liste sein, muss es aber nicht. Wenn Sie sich eigene Sätze suchen, dann beachten Sie bitte: Beleidigungen und Unterstellungen scheiden aus. Niemand hat was davon, wenn Sie dem Postboten: »Ihre Frau ist ein Flittchen!« entgegenschmettern.

Sobald Sie sich sicherer fühlen, verwenden Sie ein paar Sätze mehr. Muten Sie sich aber nicht zu viel zu. Ich wurde eines Tages übermütig und nahm mir vor, 128 Sätze in einem Kiosk beim Kauf von Zigaretten einzusetzen. Es endete damit, dass mir die Verkäuferin sagte: »Entweder Sie gehen jetzt raus, oder ich schließe Sie hier ein. Es ist 18 Uhr. Ich habe Feierabend!« Meine Antwort darauf lautete: »Ich kenne Chucky, die Mörderpuppe.« Die Polizei brachte mich dann nach Hause. Sie können sich denken, wie das Gespräch mit denen lief, da ich noch einige Sätze übrig hatte. Aber irgendwie bin ich heile da rausgekommen. Und das schaffen Sie auch.

In diesem Sinne:

5 – 4 – 3 – 2 – 1 – Looooos!

NACHWORT

Spontaneität und Kreativität sind nicht nur in der Freizeit dufte, wenn es um nix Konkretes geht. Auch in anderen Situationen können diese beiden Fähigkeiten Sie weiterbringen: Wenn Sie die Spiele in diesem Buch oft genug in Ihren Alltag integrieren, werden Sie nie wieder sprachlos dastehen, wenn der Chef Ihre Gehaltserhöhung oder die Angebetete Ihre Einladung zum Kino ablehnt. Wer in diesen Situationen mit Witz und Hintersinn kontert, hat schon halb gewonnen. Spontaneität und Humor sind wie Muskeln, die man trainieren kann und die Sie dadurch stärken können, indem Sie sie benutzen.

Sie denken immer noch, das stimmt nicht? Dann schreiben Sie mir an den Verlag oder auf meiner Website. Ich werde dann versuchen, Ihnen zu helfen, Sie zu beraten, zu unterhalten oder anzupumpen.

So weit, so gut. Was kann ich abschließend noch sagen? Ich hoffe doch sehr, dass Sie die Lektüre genossen haben. Ich hoffe, dass es mir gelungen ist, Ihnen Spontaneität etwas näher zu bringen. Ich hoffe nicht, dass Sie empört mit dem Kaufbeleg in der Hand in die Buchhandlung rennen, um Ihr Geld zurückzuverlangen.

Wenn ich es geschafft habe, etwas mehr Schlagfertigkeit aus Ihnen herauszukitzeln, bin ich schon zufrieden.

Falls Sie gelernt haben, in Ihrem Alltag, Ihrer Beziehung, Ihrem Urlaub und Ihrer Freizeit spontaner zu handeln, freue ich mich tierisch.

Ist Spontaneität für Sie ein ständiger Begleiter geworden, macht mich das unglaublich glücklich.

Denken Sie bitte immer an folgende, an ein buddhistisches Mantra angelehnte Weisheit: Ihr Leben ist ohnehin da. Wie Sie es leben und was Sie daraus machen, liegt einzig und allein bei Ihnen. Sie können mit dem Strom schwimmen und immer das tun, was andere verlangen. Oder Sie würzen Ihr Leben mit dem, was Sie so unverwechselbar macht: Ich meine das, was in Ihnen schlummert – Sie selbst. Seien Sie kreativ, überraschen Sie Ihre Mitmenschen und sich mit Ihrem Humor, zeigen Sie vollen Körper- und Geisteseinsatz. Sie wollen doch nicht, dass jemand schneller ist als Sie?!

Und glauben Sie mir: Spontanes Handeln ist die ehrlichste Art der Kommunikation. Sie passiert einfach, weil sie direkt aus unserem Unterbewusstsein kommt. Und das ist zwar nicht berechenbar, aber immer authentisch.

Erst hatte ich überlegt, Ihnen in diesem Nachwort noch ein Einmaleins der Spontaneität mit auf dem Weg zu geben. Sozusagen die Zehn Gebote des Improvisierens. Dann dachte ich: Vielleicht fasse ich alles noch mal für Sie zusammen. Das verwarf ich und zog in Erwägung, mich einfach kurz mit einem Gruß zu verabschieden. Das wiederum fand ich ein wenig verknappt. Also grübelte ich weiter.

Nach einer Weile wurde mir eines schlagartig klar: Ich predige die ganze Zeit, dass man der inneren Stimme lauschen und sich trauen soll, das rauszulassen, was einem als Erstes in den Sinn kommt. Nun frage ich Sie: Wie glaubwürdig ist ein Ratgeber, wenn er sich nicht an seine eigenen Regeln hält?

Mein erster Gedanke war also, Ihnen zehn goldene Spontaneitätsregeln mitzugeben, und hier sind sie:

1.

In jedem schlummert Spontaneität, man muss sie nur wecken.

2.

Halten Sie Ihre Gedanken niemals für wertlos. Sie sind Ihr Kapital!

3.

Alltag, Beziehung, Urlaub oder Freizeit sind nur langweilig, wenn Sie es zulassen.

4.

Der erste Impuls ist immer der richtige.

5.

Wenn etwas, das Sie spontan sagen oder tun, sein Ziel verfehlt, akzeptieren Sie das. Es ist nicht schlimm.

6.

Begegnen Sie Situationen ehrlich, authentisch und positiv.

7.

Jede Form der Spontaneität ist gut, nicht nur die superkreative oder megaoriginelle.

8.

Je häufiger Sie spontan handeln, desto mehr neue Erfahrungen sammeln Sie. Und werden gewitzter.

9.

Nicht denken, machen!

10.

Nicht alles muss man zu Ende machen. Wenn Sie zehn goldene Regeln angekündigt haben, können Sie trotzdem nach der neunten aufhören.

Und nun, gehen Sie hinaus und wenden Sie das Gelernte an. Der Fernseher bleibt aus. Die Küche kalt. Sie haben Besseres zu tun!

BONUSMATERIAL

MINIVORWORT

Wie Sie sehen, verfügt dieses Buch über eine Reihe von Bonusmaterialien. Warum?, fragen Sie sich vielleicht. Als großer Freund der DVD-Welt liebe ich es, mir nach dem Genuss eines besonders guten Filmes noch das Bonusmaterial anzuschauen. Es interessiert mich einfach, was bei Dreharbeiten schiefgelaufen ist. Wenn ich mir das »Making of« anschaue, habe ich das Gefühl, den Weg der Entstehung hautnah mitzuerleben. Erst recht die Versprecher und die rausgeschnittenen Szenen. Darunter sind auch oft die besten Einfälle der Schauspieler, wenn sie den Text spontan verändern, weil ihnen der richtige nicht mehr einfällt. Und erst mit den Interviews der Mitwirkenden und dem alternativen Ende wird ein Film für mich wirklich komplett.

Natürlich möchte ich dieses Glücksgefühl auch an Sie weitergeben. Ich möchte Sie über den kompletten Werdegang dieses Buches nicht im Dunkeln lassen. Deswegen finden auch Sie hier Bonusmaterial. Haben Sie einfach Spaß damit, und ich hoffe, Sie entdecken noch ganz viel Neues.

Herzlichst

Ihr Sascha Korf

ENTFALLENE SZENEN

Die folgenden Passagen fielen der Zensur zum Opfer. Natürlich kann nicht alles, was ein Autor zu Papier bringt, auch Bestandteil des Hauptwerkes werden. Das geht nicht. Es wäre maßloser Größenwahn zu behaupten: »Alles, was aus meinem Geiste dringt, ist druckberechtigt.« Manche Ideen und Geschichten waren zu ausschweifend, andere zu verwirrend, viele zu verstörend und wiederum andere zu erregend. Deswegen haben sie es einfach nicht in den Recall geschafft. Dies ist ihr großer Moment.

DER HERR DER HANDLUNGSSTRÄNGE

Ich hatte während des Schreibens die großartige (und von Lektorin, Freunden, Management, Familie, Verlag und Stadtrat verworfene) Idee, eine Trilogie zu schreiben. Drei Bücher in einem! Daraus wurde nichts. Nach meiner Überleitung von Buch 1 in Buch 2 setzte ich diesem Projekt ein jähes Ende. Dennoch möchte ich Ihnen diese mitreißende und bissige Überleitung nicht vorenthalten.

Überleitung von Buch 1 in Buch 2
(Wow! Dreimal das Wort Überleitung so kurz nacheinander)

Ich kann die Verwunderung in Ihren Augen förmlich riechen. »Was soll denn das? Drei Bücher? Innerhalb eines Werkes? Für wen hält sich der Mann? J.R.R. Tolkien?!«

Nein. Unter anderem deswegen, weil mir wohl bewusst ist, dass Tolkien bereits in den Siebzigerjahren des letzten Jahrhunderts verstarb.

Im Ernst. Ich habe lange darüber nachgedacht, wie es nach Erscheinen meines Erstlings weitergehen könnte. Vor meinem geistigen Auge sah ich Lastwagenladungen voller Bittbriefe anrollen, in denen ich angefleht wurde, ein zweites, tiefer in die Materie eintauchendes Buch zu schreiben. Ich arbeitete in meiner Vorstellung bereits fieberhaft an ausgeklügelten PR-Aktionen, in denen um Mitternacht in ausgewählten Buchhandlungen die Veröffentlichung gestartet werden sollte. Im Gegensatz zu *Harry Potter* mussten Erwachsene einen Hindernisparcours überwinden, um an mein Werk zu gelangen. Es gab Tote, es gab Verletzte. Mein Buch wurde täglich in den Fernsehnachrichten erwähnt. Die Hysterie riss nicht ab und sollte beim Erscheinen von Teil drei der Spontan-Trilogie ihren Höhepunkt erreichen.

Ein Anruf meiner Lektorin riss mich jäh aus meinen Ruhmesfantasien. Sie bedankte sich freundlich für die bisher geleistete Arbeit, merkte aber an, dass mein Manuskript mit nur knapp über hundert Seiten zu kurz sei.

Da stand ich nun. Mit meinen hundert Seiten würde ich wohl kaum in die Ehrenränge unter den Sachbuchautoren aufrücken, das war mir nach dem Gespräch klar. Vielleicht würden Menschen das Buch kaufen, um es unter ihren wackligen Küchentisch zu klemmen. Aber ich wollte doch gelesen werden! Was sollte ich also tun? Ich wollte auf keinen Fall das bisher zu Papier Gebrachte unnötig aufbauschen, oder Sie als Leser mit Zusatzübungen zur Zusatzübung in den Wahnsinn treiben.

Da erblickte ich eines Abends *Der Herr der Ringe* in meinem Bücherregal. Ein Schauer überlief mich. Eine Gesamtausgabe! Drei Werke in einem! Es machte »Ping!«, oder »Bang!«, vielleicht auch »Bumm!« in meinem Kopf. Ich beschloss, die Fortsetzung spontan dranzuhängen, um auf die gewünschte Seitenzahl zu kommen. Also setzte ich mich hin und entwickelte den zweiten Teil. Und da aller guten Dinge drei sind, sollte auch Teil drei in den geplanten Sammelband.

Wie Sie sehen, musste ich diese Idee leider verwerfen. Schade eigentlich – ich hatte mir schon ein neues Namensschild für die Tür gebastelt: J.R.R. Korf …

WAS DU NICHT WILLST, DAS MAN DIR TU …

Die meisten Spiele oder Übungen, die ich Ihnen mit auf den Weg gegeben habe, habe ich selbstverständlich erprobt und an der Wirklichkeit ausgetestet. Manche Ergebnisse dieser Tests habe ich Ihnen vor der Übung unter dem Mantel des Beispiels präsentiert. Damit Sie sehen, dass ich mir die Aufgaben alle auch selbst gestellt habe, hier weitere Beispiele:

Anekdotentombola

Sie sitzen im Urlaubsflieger Richtung Palma. Die Person auf dem Sitz neben Ihnen fragt: »Und – fliegen Sie auch nach Mallorca?«
Nein. Genau wie alle anderen Reisenden nach Oslo! Wie kommen Sie auf Mallorca?

Sie warten seit dreißig Minuten auf ein Getränk im Restaurant. Als der Kellner endlich kommt, fragt er dämlicherweise: »Hat man Sie noch nicht bedient?«

Doch! Ich wollte einen frischen O-Saft, und ich nehme an, dass Ihr Kollege nach Teneriffa geflogen ist, um mir eigenhändig Satsumas zu pflücken.

Nach einem der zahlreichen, mit Fressorgien aufgepeppten Feiertage treffen Sie zufällig einen Freund. Mit einem Seitenblick bemerkt er scharfsinnig: »Du hast ein bisschen zugelegt, oder?« *Nein, ich bin hobbymäßig einer Terrororganisation beigetreten und trage den Sprengstoffgürtel ein.*

Sie befinden sich in einem Supermarkt (für alle Feinde des Wocheneinkaufs: Baumarkt): Sie irren ziellos durch die Gänge, bis Sie einen Servicemitarbeiter entdecken. (Natürlich aus Versehen, denn so einer begegnet einem ja nur alle Jubeljahre mal). Er hat nichts Besseres zu tun, als Sie zu fragen: »Suchen Sie was Bestimmtes?« *Ja. Den Hausbesitzer, denn ich irre schon so lange durch Ihren Laden, dass ich denke, es wäre nur fair, auch Miete zu zahlen.*

Sie sitzen röchelnd, schniefend und hustend vor Ihrem Arzt. Er fragt nur: »Was haben wir denn?« *Einen Bandscheibenvorfall mit den Nebenwirkungen Fieber, Husten und Schüttelfrost. Merkwürdig, nicht?*

Der Mann von der Telefongesellschaft, der Ihnen einen Telefonanschluss legen sollte, und Sie zwang, von 8 bis 18 Uhr das Haus zu hüten, kommt um zehn vor sechs. Sein erster Satz an der Tür ist: »Mussten Sie lange warten?« *Nein, kein bisschen! Als ich auf Sie wartete, habe ich meinen Sohn zur Schule gebracht. Und stellen Sie sich vor, eben rief er an, weil er eine Lehrstelle gefunden hat!*

Nach dem Sex. Die Person neben Ihnen haucht: »Stört es dich, wenn ich rauche?« *Nein, mich stört es nicht mal, wenn du brennst.*

174

Sie kehren zu Ihrem falsch geparkten Wagen zurück. Die Politesse, die Ihr Fahrzeug gerade erfasst, will wissen: »Wie lange stehen Sie schon hier?«

Zwei Jahre. Damals konnte man hier noch umsonst parken. Heute nicht mehr?

Denken Sie zurück an die Situation in Aufgabe Nummer acht. Die Politesse fragt nach Ihrer superben Antwort weiter: »Wollen Sie mich veräppeln?«

Sie haben recht. Entschuldigung! Acht Jahre.

Ich selbst möchte von mir abschließend wissen: »Wie war der Test?«

Die Antwort erspare ich mir, da ich mich nicht selber loben oder runtermachen möchte.

Eviegemugbimeh

Kennen Sie dieses Bild noch?

Meine zehn Spontan-Ideen dazu waren:

1. *Aufzuchtstation für Glühwürmchen*
2. *Science-Fiction-Karnevalshütchen*
3. *Koksbüffet für Medienpartys*
4. *Großraumbürste*
5. *Tina Turners Frisurendenkmal.*
6. *Igel mit Stachelausfall*
7. *Tischdeko in der Kantine der Enterprise*
8. *Übertrieben dekorierter Cocktail*
9. *Garderobenständer für sehr Kleinwüchsige*
10. *Silvesterfeuerwerk für Insekten*

Selbst ist die Story

Ich hatte Ihnen drei Anfänge von Geschichten vorgegeben.
Sie haben diese natürlich wundervoll zu Ende gebracht. Hier
nun meine drei Geschichten dazu:

*Die Turmuhr schlug zwölf. Kerstin war auf dem Weg vom Gasthof nach
Hause. Sie trug einen weiten Wollmantel, den sie enger um den Körper zog,
da der Wind ihr eiskalt entgegenpfiff. Sie fror. Plötzlich hörte sie Schritte
hinter sich. Kerstin wagte nicht, sich umzudrehen. Sie ging schneller. Wer
auch immer hinter ihr war, tat dies ebenfalls. Kerstin begann zu rennen.
Sie sah in der Ferne ihr Haus, das einsam am Waldesrand stand. Die
große Tanne hinter dem Haus wogte im Wind. Kerstin hatte bemerkt, dass
die andere Person ebenfalls zu rennen begonnen hatte, dann spürte sie eine
Hand auf ihrer Schulter ...*

*Kerstin schrie wie am Spieß. War das der Würger, von dem die ganze
Stadt sprach? Aus dem Augenwinkel erblickte sie eine Schaufel, die her-
renlos an einem Baum lehnte. In Panik riss sie sich los und packte das
Gartengerät mit beiden Händen, drehte sich um und schlug zu. Die Gestalt
hinter ihr brüllte voller Schmerz auf und sackte in sich zusammen. Komisch,
dachte Kerstin, die Stimmlage kenn ich doch! Sie trat näher an die am*

Boden liegende Kreatur und erkannte ihn. Es war Rüdiger, der Wirt des Gasthofs. Sein Kopf war blutverschmiert.

»Rüdi?«, stammelte Kerstin. Vorhin hatten sie noch Brüderschaft getrunken. »Was machst du denn da?«

Rüdiger fluchte und schaute sie böse an: «Du hast deine Tasche vergessen, du Irre: Ich wollte sie dir nur bringen!« Seit diesem Tag heißt Rüdiger: Der Wirt, den die Frauen verhauen.

Ich trieb schon seit Wochen alleine auf dem Meer. Meine Orientierung hatte ihren Geist aufgegeben, genau wie der Motor meines Schiffes. Ich trieb irgendwo zwischen den Falkland-Inseln und Afrika. Wo genau, konnte ich nicht sagen. Vor sieben Tagen hatte sich auch das Funkgerät verabschiedet und inzwischen waren meine Vorräte zur Neige gegangen. Meine Idee, von Namibia alleine nach Feuerland zu schippern, kam mir nun vor wie ein Himmelfahrtskommando. Plötzlich setzte mein Schiff irgendwo auf. Ich ging an Deck und sah...

... einen McSwim. Anfangs dachte ich, dass mir meine Fantasie einen Streich spielte. Aber nein. Eine riesige schwimmende McDonalds-Filiale war wie aus dem Nichts aufgetaucht. An einer Boje war eine Gegensprechanlage angebracht. Ich ruderte dorthin.

»Hilfe!«, brüllte ich in das Mikrofon.

Aus dem Lautsprecher ertönte eine Stimme: »Herzlich willkommen. Was kann ich für Sie tun?«

»Ich brauche Hilfe«, rief ich mit letzter Kraft. »Ich habe keinen Sprit mehr, weiß nicht, wo ich bin, und bin hungrig!«. Die Antwort der Person am anderen Ende der Sprechanlange kam prompt: »Wir haben heute Aquawochen. Möchten Sie einen Big Mac Alge? Oder vielleicht einen Quallenburger? Im Angebot sind außerdem Delfintaschen mit Ocean Potatoes!« Ich gab meine Bestellung auf und lernte kurz darauf die Mitarbeiter persönlich kennen. Als ich vier Monate später die Filialleitung übernommen hatte und mein Glück in voller Fahrt genoss, war mir eines klar: Es gibt keine Zufälle auf der Welt.

In die dritte Geschichte sollten Sie die Wörter Baustelle, Kraftfutter und Sterberate einbauen.

Marion sah Thomas lange an. Sie hielt seinen Ehering in ihren Händen. Die Menschen um sie herum blickten sie gespannt an. Der Pfarrer wartete geduldig …

… und dann sprach er: »Wir stehen hier seit dreißig Minuten und warten auf deine Antwort, meine Tochter. Sollte die nicht kommen, wird die Sterberate in deiner Familie anschnellen, dafür sorge ich, Marion.«

Marion zögerte noch einen Moment und dachte an ihre Affäre mit dem muskelbepackten Kranführer zurück. Wie gern wäre sie mit ihm durchgebrannt, und nun stand sie hier mit Thomas, dem Langweiler. Sie seufzte. Nun würde ihr Gatte abends aus der Bank kommen und nicht von der Baustelle. Dafür waren ihr ein Eigenheim und ein Großbildfernseher sicher. »Okay«, nickte sie, »ich nehme ihn.«

Thomas und und Marion lebten glücklich bis ans Ende ihrer Tage. Dies war bereits drei Wochen später, als sie von einem Lkw überfahren wurden, der Kraftfutter geladen hatte.

Was ich aus dem Interview mit Jonas herausschneiden musste

Das Interview mit dem fitnessbesessenen Jonas musste ich stark kürzen, da es Sie sonst von Ihrer Übung zu sehr weggeführt hätte. Um lästiges Umblättern zu vermeiden, drucke ich hier fast das gesamte Interview exklusiv ab. Die entfallenen Passagen sind farbig gedruckt.

Sascha: Hallo Jonas! Wie geht es dir?
Jonas: Wer sind Sie denn?
Sascha: Sascha! Sascha Korf. Du wolltest mir ein Interview geben. Du *hast mich doch angechattet!*
Jonas: Ach ja! Ich dachte nur, du wärst jünger und schlanker als auf dem Foto.

Sascha: Ich kann auch wieder gehen!
Jonas: Nein, nein. Entschuldige. Was soll ich machen?
Sascha: Einfach erzählen, was dein Problem ist.
Jonas: Na ja. Sascha, was soll ich sagen? Es geht. Schlecht. Langweilig. Mein Leben ist ein Trümmerfeld. Hiiiilfeeee!
Sascha: Das ist ja schlimm! Also der Reihe nach.
Jonas: Es fing damit an, dass ich früher mal ein ganz dickes Kind war…
Sascha: Sorry, Jonas, wenn ich dich unterbreche, aber Kindererziehung behandele ich vielleicht in meinem nächsten Buch. Wenn wir jetzt darüber reden, dann muss ich mir hinterher zu viel aus den Fingern saugen.
Jonas: Das möchte ich nun auch nicht. Na, gut. Als meine Freundin mich verließ…
Sascha: Bing! Bing! Bing! Jonas, ich muss noch mal intervenieren. Aber das Thema Partnerschaft wird in diesem Buch gesondert besprochen.
Jonas: Worüber darf ich denn überhaupt noch zensurfrei reden?
Sascha: Na, na, na. Mal nicht patzig werden!
Jonas: Ich bin nicht patzig. Ich bin nie patzig. Was heißt das überhaupt, patzig?
Sascha: Jonas, das ist mir egal! Ich drehe hier gleich durch. Entweder wir reden über dein Problem, oder gar nicht.
Jonas: Ha, ha. Jetzt wirst du sehr wohl patzig.
Sascha: Das habe ich überhört. Heute geht es um das Thema Freizeit. Und du hast mir erzählt, dass deine Art, den Feierabend zu gestalten, dich zunehmend langweilt.
Jonas: Stimmt. Also, folgendes Problem, Sascha.
Sascha: Ich bin ganz Ohr und die Leser ganz Auge.
Jonas: Was?
Sascha: Literaturgag. Kümmer dich nicht drum. Erzähl weiter.
Jonas: Ist ja gut. Ich will dich ja nicht aufhanteln.
Sascha: Aufhanteln?
Jonas: Fitnessgag!

Sascha: 1:0 für dich.

Jonas: Ich gehe dreimal die Woche ins Fitnessstudio. Am Anfang war es noch topp. Aber inzwischen bin ich völlig neben der Spur, Sascha. Nachts träume ich manchmal, wie ich mit einem Stepper auf die anderen Sportler losgehe. Ich stelle mir sogar manchmal vor, dass ich einen dieser Fitnessheinis an einer Hantel festbinde und ihn zwinge, Rilke zu lesen. Was kann ich dagegen machen? Es ist immer dasselbe. *So ein verdammtes Drecksscheiß-Mist-Kacke-verdammter-Arsch-Blödmann Leben.*

Sascha: Was stört dich denn genau??

Jonas: Na ja, dass es immer gleich abläuft. Ich weiß, dass ich ein paar Kilo abnehmen sollte und dass dreimal pro Woche Fitness gut für mich sind. Aber diese Eintönigkeit macht mich wahnsinnig! Man sitzt dreißig Minuten auf dem Spinning-Rad, dann geht man für weitere dreißig Minuten auf den Stepper, anschließend weitere zwanzig Minuten aufs Laufband und dann an die Geräte wegen der Muskeln. Das Schlimmste ist, dass jeder mit sich selbst beschäftigt ist. Die sprechen gar nicht miteinander! Wie Testosteronlemminge laufen alle hintereinander her. Das ist so langweilig! Aber ich muss das ja machen, wegen meiner Ex…

Sascha: Ich wiederhole mich ungern, Jonas, aber deine Ex gehört ins Kapitel Beziehungen.

Jonas: Das wünschte ich auch.

Sascha: Was?

Jonas: *Sie ist mit meinem Bruder zusammen. Seit einem Monat. Jetzt sind beide nach England gezogen. Sie wollen dort ein Hotel eröffnen. Mein Onkel hat ihnen Geld geliehen für die ersten Monate. Meine Tante ist total sauer ..*

Sascha: JONAS!!! Ich komme mir gerade vor wie in einer Folge von Sturm der Liebe.

Jonas: Sorry. Das Ganze ist noch sehr frisch.

Sascha: Reden wir nicht weiter davon.

Jonas: Na, gut. Also zurück zu meinem Problem: Eigentlich treibe ich gerne Sport. Aber vielleicht müsste ich mich nicht dahinprügeln, wenn es ein wenig spannender und unterhaltsamer wäre.

Sascha: Endlich gehen wir der Sache auf den Grund. Du willst also fit sein, aber langweilst dich dabei. Ist das richtig?

Jonas: Ja. Ein Freund von mir hat früher mal sehr viel Sport gemacht. Bis er sich von seiner Freundin getrennt hat.

Sascha: Nicht zufällig der Typ, dessen Freundin mit seinem Cousin durchgebrannt ist. Und die dann dank der Kohle der Tante in Schottland eine Lottofiliale aufmacht?

Jonas: Verarscht du mich jetzt?

Sascha: Ja!

Jonas: Warum?

Sascha: Weil du mich in den Wahnsinn treibst. Wenn du Beziehungsprobleme hast, dann ruf bei Angelika Kallwass von Sat1 an. Wenn du dein Leben aufpeppen willst, dann sprich mit mir.

Jonas: Aber Sascha. Ich kann doch erst ein Problem angehen, wenn ich das andere gelöst habe, oder nicht?

Sascha: Also gut. Erzähl mir von ihr.

Darauf erzählte Jonas für eine unfassbar lange Zeit von der Vergangenheit. Ich hatte tatsächlich anfangs überlegt, das gesamte Interview abzudrucken. Aber es hätte euer Bild von Jonas völlig über den Haufen geworfen. Was sich in den folgenden sechs Stunden über mich ergoss, war das Gejammer eines Vorstadtcasanovas, der bei seiner Freundin nicht nur unter dem Pantoffel, sondern unter allen Schuhen stand. Ich erspare euch an dieser Stelle einfach 157 Seiten voller Schmerz, unerfüllter Hoffnungen und des puren Jammers.

Jonas: Danke fürs Zuhören, Sascha.

Sascha: Keine Ursache. Sollen wir uns mal zu neuen Ufern aufmachen? Dein Fitnessproblem in den Griff kriegen?

Jonas: Gerne.

Sascha: Ich habe da eine schöne Übung für dich.

Fehlende Quotes

Mit Bastian Pastewka, Cindy aus Marzahn, Atze Schröder und Bodo Bach haben sich drei wundervolle Kollegen bereit erklärt, Quotes zu schreiben. Vor Beginn meines neuen Lebens als Autor wusste ich gar nicht, was Quotes sind. Nun habe ich ja gelernt und kann sagen: Quotes sind Zitate von Kollegen über das Werk oder den Autor. Sie stehen hinten auf dem Buchrücken. Da »Zitat auf Buchrücken« wenig glamourös klingt, heißen sie eben Quotes. Und Atze, Cindy und Bodo waren so nett, diese selber zu schreiben. Ganz, ganz am Anfang hatte ich die Idee, ein ganzes Kapitel voller Quotes anzuhängen. Zitate und Urteile von den Mächtigen der Welt. Das hätte sicher Eindruck geschunden. Aber es hätte wahrscheinlich auch fürchterlich auf dicke Hose gemacht. Zudem hätte mir niemand abgenommen, dass Barack Obama mein Buch gelesen hat. Dennoch habe ich mir in Gedanken ausgemalt, was gewisse Leute eventuell gesagt hätten.

Was für mich Spontaneität bedeutet? Es ist sechs Jahre alt, wohnt in London und nennt mich Daddy.
Boris Becker

Endlich geht mit diesem Buch ein Ruck durch Deutschland. Ich war so spontan und habe die Steuern gesenkt.
Angela Merkel

Durch dieses Buch wurde ich spontan inspiriert, einen Grand-Prix-Hit für Turkmenistan zu schreiben. Danke, Sascha.
Ralph Siegel

Sascha. Ich bin dein Vater.
Darth Vader

Super. Habe das Buch in nur zwei Stunden gelesen. Echt. Ich schwöre.
Ohne EPO.
Jan Ullrich

Dieses Buch ist der Gipfel!
Reinhold Messner

Wir sind Impro!
Der Papst

Ich bin spontan. Und das ist gut so!
Klaus Wowereit

Ich habe das Buch bei einem rumänischen Rhabarber-Rosinen-Raclette
genossen, dazu einen Riesling. HMMMM. Lecker!
Alfred Biolek

Das Buch ist erst 1 Jahr alt, ich warten noch 16, bis ich es vernasche!
Allora!
Silvio Berlusconi

Making-of

Ich bin ein großer Freund von Making-ofs. Denn da erfährt der
Zuschauer genau, wie so ein Film entsteht. Ähnliches haben Sie
nun vor sich. Im Folgenden lesen Sie ungefiltert meine Gedanken,
die ich während drei wichtiger Phasen beim Schreiben hatte. So
wird Ihnen sicherlich klar, wie so ein Werk entsteht. Im Kopf!
Sie haben hier sozusagen Ihr Thinking-of.

Was hat sich der Autor gedacht, als er ... das Vorwort schrieb?

183

Wow. Es geht los, ich fange an. Ein Buch über Spontaneität! Seit meinem Roulette-Urlaub denke ich nur noch daran, und nun geht's los.

Zu diesem Zeitpunkt fühlte ich mich sehr gut. Wie Amerigo Vespucci, Vasco da Gama und Neill Armstrong zusammen. Ich war Entdecker! Ich war bereit! Meine Finger huschten über die Tastatur wie afrikanische Heuschrecken über Weizenfelder. Ich wusste nicht, wo mich die Reise hintreiben würde, aber ich ließ mich einfach gehen.

Nach 14 Monaten wurde mir klar, dass ich nach dem ersten Absatz weiterschreiben musste.

Ich sagte zu mir: »Kafka! (So nenne ich mich manchmal selbst.) Kafka! Wenn du von Menschen erwartest, dass sie spontan werden, dann sei es gefälligst selbst!« Dieser Weckruf holte mich aus meiner Lethargie und ich schrieb erneut wie im Rausch weiter.

Da ich mich an literarischen Vorbildern orientieren wollte, schrieb ich die letzten Zeilen des Vorspanns in einem Café auf Servietten. Und dann stellte ich fest: Erste Sätze werden überschätzt! Die wahre Herausforderung liegt im letzten Satz, und wenn es nur der des Vorworts ist. Ich verwarf »Hauen Sie rein, Sie Improluder« sofort und schüttelte selbst den Kopf, als mir ein schüchternes »Bitte haben Sie Spaß« aus der Feder floss. Doch dann dachte ich daran, wie sich die Teams bei Theatersportwettkämpfen gegenseitig anheizen: Mit dem Publikum wird gemeinsam von 5 auf 1 runtergezählt und dann lauthals LOOOOOS gerufen! Sobald das Wort ›Los‹ ertönt ist, gibt es kein Zurück. Perfekt, würde ich sagen. Denn das gibt es für Sie auch nicht. Spontan sein ist alles!

Was dachte der Autor, als er Gabi Wasabi bedichtete?

Ich weiß es noch, als wäre es gestern gewesen. Ich hatte für das Gedicht eine Pause lang Zeit. Normalerweise ruht man sich in der Pause aus, raucht ein bis elf Zigaretten und trinkt mehrere Becher Kaffee, damit man auf der Bühne ordentlich Gas geben kann. Immerhin muss man nach mehreren Bechern Kaffee dringend aufs Klo und wird so von ganz alleine hibbelig. Nachdem ich also Kaffee getrunken und einige Zigaretten geraucht hatte, blieben mir drei Minuten für das Gedicht.

»Mist«, dachte ich. »Nur noch drei Minuten. Was reimt sich wohl auf Gabi? Kohlrabi? Trabi? Wüste Gobi? Ganz bestimmt nicht. Wasabi? Jaaa! Gabi. Scharf wie Wasabi. Eine Prise Erotik kann nie schaden. Weiter. Noch 120 Sekunden. Krankenschwester? Trimester? Trester? Fester? Fester! Jep! Zehlendorf? Zu schwer. Das mache ich zum Schluss. Golf? Rolf! Ein bisschen einfach, aber gut. Irgendwas zum Thema Golf. Putten, Lochen, Birdie? Das könnte mir falsch ausgelegt werden. Saß jemand neben Gabi, vielleicht ein muskelbepackter Türstehertyp? Ich hab's. Caddy. Da geht nur Daddy! Sugardaddy. Groß, ganz groß. Meilensteine der Lyrik. Jugend – Tugend, das ist mal klar. Noch dreißig Sekunden. Mann, ist das stickig hier in der Garderobe nach dem Rauchen. Stickig – zickig. Aha! Ein Zeichen. Und Amerika? Los, los Korf! Wunderbar – Amerika. Wenn ich es richtig betone, sollte das gehen. Aber was, zum Henker, mache ich mit Zehlendorf?! Korf? Torf? Nein, Schorf. Das Wort hat mir immer schon gefallen. Wie, der Pausengong? Und Looooooooos!«

Was dachte denn der Autor, als er gar nicht dachte, dass er dachte? (Ich weiß, das ist sehr kryptisch formuliert. Was ich meine, ist: Wie ging es dem Autor bei seiner ersten Schreibblockade?)

Ich fühlte mich wie ein Sternekoch, der ein Koberind vor sich hat und nicht weiß, was er damit machen soll. Ich probierte alles. Ich legte mich in die Wanne und ließ Walgesänge laufen, um ein höheres geistiges Level zu erreichen. Das Einzige, was passierte, war, dass ich einschlief. Meine Haut war danach so verschrumpelt, dass ich locker Tatjana Gsell hätte doubeln können. Ich versuchte es mit einem Spaziergang. Allerdings war mein Kreislauf durch das Walbad vorher so im Keller, dass meine Knie schwach wurden. Ich lehnte mich an einen Baum und versuchte, ins Thema einzutauchen. Aber nichts geschah. Mein Hirn war leer. Schön, nun wusste ich zwar, wie sich Tatjana Gsell fühlt, aber es half nichts. Ich rief meine Mutter an. Sie war keine Hilfe, da sie mir vorwarf, dass ich immer nur anrief, wenn ich was brauchte. Ich rief als Nächstes bei meiner Agentin an. Sie war wie immer zauberhaft: «Sascha. Eine Schreibblockade ist nichts Schlimmes. Das darf jedem passieren! NUR NICHT DIR! UND NUR NICHT JETZT!« Das Dumme war, sie hatte recht. Nun wurde es eng. Draußen wurde es dunkel. Der Tag neigte sich dem Ende zu. Meine Mission war aber bei Weitem nicht erfüllt. Das Kapitel Urlaub musste heute noch raus. Ich war wie Jack Bauer in 24. Hatte nur wenige Stunden, die Welt zu retten. Da kam mir ein phänomenaler Einfall. Ich schreibe es in Englisch. Jawohl. Das war es. Es geht um Urlaub. Mit Englisch kommt man überall weiter. Und dann lernen noch alle was. Aber auf Hochmut kommt der Fall. Ich bin, ehrlich gesagt, nicht ganz so flott im Englischen. Und da ich auch in England veröffentlichen wollte, würde das wohl alles sehr kompliziert werden. Ich war wieder am Anfang. Gerade als ich aufgeben wollte, fiel mein Blick auf eine Zeitschrift, auf der stand: »Sind Sie zu sehr gestresst? Machen Sie unseren Test!« Ich machte ihn. Es kam heraus, dass ich sehr gestresst war und dringend ein Bad nehmen sollte. Ich verfluchte das kleine Promi-News-Blättchen. Doch dann fiel es mir wie Schuppen von den Augen. Ein Test, das war die Lösung! Und so entstand die Idee mit dem Urlaubstyptest.

Outtakes

Outtakes oder auch Bloopers sind, das wissen Sie natürlich längst: Pannen beim Drehen. Wenn Darsteller stolpern, falsche

Requisiten benutzen oder den falschen Text auf der Zunge haben. Auch beim Schreiben ist einiges schiefgelaufen, wie Sie gleich sehen werden.

Sie würden sich wundern, welche Fanta Sie nach einer Weile entpickeln.

Ich möchte nicht damit sagen, dass der Alltag unser Feind ist, den es zu bekämpfen gilt. Außer, dass er oft ein wenig langweilig ist, gibt der Alltag uns nämlich auch Schmutz.

Spielen Sie doch mal den Alltagsfixer.

Den meisten Damen wird ja schon vom Lesen dieser Vorstadtcasanova-Phrase dübel.

Kein grob blinkendes Ungetüm aus einer Billigschmuckklitsche, das über rauchfreien Tops baumelt.

Am Wegesrand, da liegen Schnecken,
die sich mit Lust gen Sonne lecken.

Haben Sie überwiegend A angekreuzt? Dann sind Sie ein Kassentourist. Bitte lesen Sie den Abschnitt mit dem großen B.

Ich laufe hundert Meter unter zwölf Stunden.

Entweder Sie gehen raus oder ich scheiße Sie hier ein.

ALTERNATIVE ENDEN DES BUCHES

Ende für Romantiker
Sie haben nun herausgefunden, welchen Zauber ein spontanes Leben entfalten kann. Laufen Sie über die Blumenwiese, die wir Alltag oder Beziehung nennen, und befruchten Sie die Blüten des Lebens mit Improvisation. Das, was in Ihrem Herzen geschlummert hat, wird damit ein Teil von Ihnen. Lassen Sie Schlagfertigkeit und Liebe zusammenwachsen. Aber nicht so, dass Ihre große Liebe hinterher ein blaues Auge hat.

Ende für Realisten
Sie haben es geschafft. Sie haben dieses umfangreiche Werk mit all seinen Aufgaben gemeistert. Toll. 190 Seiten liegen hinter Ihnen. Wie viel Leben vor Ihnen liegt, das liegt an Ihnen und den neu gewonnenen Einsichten. Ob Sie spontan sind oder nicht, das wissen Sie selbst nun am besten. Probieren Sie sich aus, oder auch nicht.

Ende für Unsichere
Lesen Sie das Buch einfach noch mal, Sie Mimose.

ALTERNATIVE STADTTOUREN

Sie möchten wissen, wohin Ihre alternative Stadttour Sie eventuell hätte führen können? Dann schauen Sie sich an, wie Ihr Tag vielleicht hätte verlaufen können (ohne Gewähr, dass sich die folgenden Orte wirklich an den markierten Stellen befinden):

Prag
1) Hier finden Sie das SB-Biorestaurant »Schrot für die Welt«
2) Geburtshaus von Primos Rubicek, dem ersten tschchischen Wimbledonfinalsten. Wenn Sie das Haus besichtigen wollen, müssen Sie erst Rubiceks Vater im Squash schlagen.

3) Hier könnten Sie das beste tschechische Bier Ihres Lebens bekommen. Aber Sie sollten das zur Sicherheit am nächsten und übernächsten Bier noch mal testen.

4) Die Schneiderin in diesem Haus hat sich möglicherweise auf Mollige spezialisiert. Sie lernen hier auf Tschechisch als Erstes die Worte »du« und »Weight Watchers«.

5) Ein mittelalterliches Hallenbad mit Thermalquellen (Fürungen täglich um 16 Uhr. Nackt und auf Tschechisch.)

London

1) Hier könnte das Geschäft »Elizabeth's Secret« sein, in dem die Queen ihre Mieder kauft. Einige getragene von ihr werden hier ausgestellt.

2) An dieser Stelle ist ein Kinderabenteuerspielplatz der Waldorfschule London, bei dem Sie Ihren Namen tanzen müssen, bevor man Sie einlässt.

3) An dieser Ecke finden Sie das St. James-Gefängnis für geistig Verwirrte, von dem es heißt, dass manche Besucher von den Führungen nicht zurückgekehrt sind.

4) Hier könnte das Tea-House stehen. Ein Haus, das aussieht wie ein Teebeutel. Pünktlich zum Fünf-Uhr-Tee raucht der Schornstein.

5) Diese Straße rühmt sich, dass sie der Schauplatz eines Harry-Potter-Streifens war. Für ganze vier Sekunden.

New York

1) Hier steht vielleicht das Impossible Theatre. Diese Spielstätte ist so off-broadway, dass sie keiner kennt, nicht mal die Kassiererin. Das Theater hat auch nur zwanzig Plätze. Die Zuschauer müssen allerdings mitspielen, damit überhaupt etwas zustande kommt.

2) Sin Street. Eine recht brutale Gegend. Auch tagsüber werden Passanten überfallen.

3) Cheeky Chicken. Hier finden stündlich illegale Hühnerwett-

kämpfe statt. Und von mir haben Sie das auch nicht gehört.

4) Volltreffer. Hier wohnt Madonna.

5) Poker Joker. Im Keller befindet sich ein Spielcasino. Einlass
   nur durch das kleine Fenster im Innenhof. Wenn Ihnen Ihr
   Leben lieb ist, verlieren Sie absichtlich.

Dies war das Bonusmaterial. Kehren Sie jetzt ins Hauptmenü
zurück oder machen Sie das Buch aus.

DANKSAGUNG

Besonderer Dank gilt:

In literarischer Hinsicht der großartigen Ann-Kathrin Schwarz

In tiefer freundschaftlicher Art: Ingo, Danny, Ullie, Nadine, Mirja R., Andy, Torsten, Mario und Ilka B.

In beruflichen Belangen: HB Management – Heidrun, Denise, Michael, Sarina und Ja

Für die komödiantischen Möglichkeiten: Thomas Hermanns, Renate Berger, Knacki Deuser, dem Gloria Köln und allen GOPs dieser Welt

Für die Spontaneität: Anka Zink, den Frizzles und den Improtronics

Für dieses Buch: Bastian Pastewka, Cindy aus Marzahn, Atze Schröder und Bodo Bach

Für Vertrauen und ein neues aufregendes Leben an Hule.

Ein kulturgeschockter Ami und die Verrücktheiten der Deutschen

NOTHING FOR UNGOOD
Deutsche Seltsamkeiten
aus amerikanischer
Perspektive
Aus dem amerikanischen
Englisch
.192 Seiten
ISBN 978-3-404-60623-8

Deutsche brauchen drei Monate, um eine Party zu planen, sprechen merkwürdiges Oxford-Englisch, das Amerikaner an das schweizerische Rätoromanisch erinnert, haben sechzehn (!) Formen für das englische Wort *the* und subventionieren die Staus auf Autobahnen mit der Toilettengebühr auf Raststätten. Kann man in einem solchen Land leben? John aus Oklahoma hat es ausprobiert.

»Sind wir Deutschen wirklich so bekloppt? – Ich glaube schon … Genialer Blog, give me more!«

ELI auf www.nothingforungood.

Bastei Lübbe Taschenbuch